La presencia de China en el cine: Interpretación y comparación de dos miradas

Li Xin

Editora

Neociencia

La presencia de China en el cine: Interpretación y comparación de dos miradas

© 2023: Li Xin
Publicado por Editorial Neociencia

ISBN: 978-84-126439-6-1

Recuento de palabras: 100,000

Tamaño de diseño: 6X9(152mmX229mm)

Primera edición: Julio de 2023

Fecha de publicación: Julio 2023

Lugar de publicación: Barcelona, España

Impreso en Inglaterra - Printed in England

Índice

La presencia de China en el cine: Interpretación y comparación de dos miradas ·······················3

Introducción·······································1

Parte I

Análisis de las películas chinas ·····················3

Capítulo I: Las películas chinas de la primera etapa (películas tipo): ··········4

1. Los elementos representativos de la RCC ···················· 5

   1.1. Movimiento de "aprender de Dazhai en la agricultura" ········ 6

   1.2. Lemas revolucionarios ······························ 7

   1.3. Radio y vehículos con propaganda política ··············· 9

   1.4. Escuela política nocturna ························11

   1.5. Vestuario y peinado femenino ·····················12

2. La estructura narrativa estándar ·····················13

3. La imagen de las mujeres·························15

4. La politización de la vida humana y la distorsión de las relaciones familiares·······································23

   4.1. El matrimonio ····························24

   4.2. Los padres e hijos ·························26

   4.3 Los suegros y nueras ······················27

   4.4. Los hermanos ··························28

5. Las características del lenguaje cinematográfico ··············29

   5.1. El uso del primer plano para los protagonistas··············29

   5.2. El uso del plano general para escenas de trabajo ···········31

   5.3. El uso del plano general para el tiempo y el paisaje ··············32

Capítulo II: Las películas chinas de la segunda etapa (I) 33
1. Elementos distintos: 34
1.1. El tono sombrío 34
1.2. La evolución de los personajes 35
1.2.1. El papel de los veteranos del partido 36
1.2.2. El papel de los intelectuales 39
1.3. La suavización en las relaciones familiares 41
1.3.1. Una imagen de la familia más humana 41
1.3.2. La aparición frecuente del tema del amor 43
1.4. La intensificación de las luchas políticas 45
1.4.1. La caída de la "Banda de los cuatro" como final de la película 45
1.4.2. La violencia y la muerte como temas comunes 46
1.5. La represión y la confusión que siente la generación joven por la situación política 47
2. Elementos semejantes: 49
2.1. La estructura narrativa 49
2.2. La imagen femenina positiva 50
2.3. Las características del lenguaje cinematográfico 53
2.3.1. El uso de determinados planos y ángulos para destacar a los personajes 53
2.3.2. El uso del plano general para el tiempo atmosférico 55
Capítulo III: Las películas chinas de la segunda etapa (II) 56
1. El estilo narrativo 59
1.1. La estructura de la historia 59
1.2 El uso de la narración retrospectiva y la narración intercalada 61
1.3. La combinación del realismo con las escenas implícitas 64
1.4. Los tonos diversificados 67
2. La presencia frecuente de la violencia 72
3. El foco en la vida cotidiana de la gente común y corriente 75
3.1. El movimiento de "subir a las montañas y descender a los

pueblos" ···77

3.2 La inestabilidad política y su influencia ··························83

3.3. La recuperación de los sentimientos humanos··················88

3.4. La persecución que sufre la gente común y corriente ···········92

4. Dos formas distintas de criticar la RCC ·······························96

4.1. La perspectiva del testigo y la crítica prudente (la tercera generación) ··96

4.2. La crítica moderada con tono nostálgico (la cuarta generación) 99

Capítulo IV: Las películas chinas de la tercera etapa ················ ***103***

1. La situación política, económica e ideológica de la década de 1990· 103

2. La representación de la RCC en el cine chino en la era del mercado 107

2.1. La cultura de consumo y la evasión de la responsabilidad política ··· 107

2.2. El tono nostálgico ·· 110

3. La RCC desde la perspectiva de los directores de la quinta generación ·· 113

3.1. La estructura crónica y el efecto épico······················· 114

3.2 Una generación con experiencias más directas de la RCC ····· 118

3.3. El abandono del papel de los culpables y los salvadores······· 120

Parte II

Análisis de las películas occidentales ·······························**124**

4. La RCC desde la perspectiva de los directores de la sexta generación ·· 134

4.1. El recuerdo personal sobre la RCC mediante historias autobiográficas ··· 135

4.2. Un enfoque positivo de la RCC ·················· 138

Capítulo V: Las películas occidentales hechas durante la RCC ·············· **145**

1. La influencia de la RCC China en Francia ················ 146

  2.1. El lenguaje cinematográfico de Jean-Luc Godard ··············· 151

  2.2. El maoísmo en la película ················· 153

  2.3. ¿Una utopía sin salida? ··············· 157

3. "Les chinois à Paris" , de Jean Yanne ················ 159

  3.1. Los símbolos de China y de la RCC ··············· 160

  3.2. Una lupa de la sociedad francesa bajo la invasión ············ 163

  3.3. La polémica de la censura ··············· 164

Capítulo VI: Las películas occidentales hechas después de la RCC ··········· **168**

1. La RCC como paisaje de la historia ················ 168

  1.1 "El último emperador" ················ 169

  1.2. "M. Butterfly" ················ 173

  1.3. "El violín rojo" ················ 174

2. La representación estereotipada de China y de la RCC ·········· 176

  2.1. La estereotipación oriental desde la perspectiva occidental · 177

  2.2. El orientalismo en "El último emperador" ··············· 179

  2.3. La deconstrucción del orientalismo en "M. Butterfly" ······ 183

  2.4. Los símbolos estereotipados de la RCC ··············· 187

  2.5. El mito occidental de la RCC ··············· 193

3. La revolución y la utopía ·············· 199

  3.1. Una mitigación de la realidad revolucionaria ··············· 202

  3.2. Una generación confusa en un caos político ··············· 205

  3.3. El contraste de la imagen femenina en dos culturas ··········· 208

4. La "revolución" de los lobos ··············· 211

  4.1. El contexto histórico ··············· 211

  4.2. Los verdaderos protagonistas de la película ··············· 213

Anexo ·················· **218**

Bibliografía ·················· **251**

Introducción

La historia moderna de China ha sido un trayecto lleno de vicisitudes, con numerosos obstáculos pero más triunfos. El gigante país asiático ha terminado el proceso de la modernización en varias décadas, hecho que el mundo occidental ha tardado siglos en hacerlo. Durante tal proceso, hay muchos eventos que han marcado la historia, y por lo que son dignos de mencionar.

La fundación de la República Popular China en el año 1949 supuso el acontecimiento histórico más significativo desde la Segunda Guerra Mundial. A partir de allí, China entró en la época de una nueva sociedad democrática, sentando las bases políticas e institucionales para la transición de la nueva democracia al socialismo. La fundación del país también cambió en gran medida la posición que tenía China en el escenario global, además de dejar un gran impacto en la situación internacional, abriendo una nueva etapa de la historia humana.

La reforma y apertura de China inició desde la década de los años setenta constituye otro movimiento que dio un giro histórico a la sociedad china, sirviendo como la llave que abrió la puerta del país al exterior. Gracias a dicho proceso, China pudo abrirse en todos los aspectos y ponerse en contacto con países de diferentes sistemas sociales para aprender de sus experiencias beneficiosas. Todo eso hizo que China se vinculara cada día más con el mundo, y se convirtiera en un motor imprescindible y de mucha potencia para la economía global.

Los años sesenta y setenta de la historia china constituyen una época influyente pero poco conocida a nivel mundial. Es influyente porque dejó en su momento grandes impactos tanto en China como en el mundo occidental. Ha sido poco difundida debido a la censura que sufrió en China, lo cual hizo que se convirtiera de forma paulatina en un tema político delicado, por lo que pocos conocimientos sobre dicha época llegaron a ser divulgados en las sociedades occidentales.

Según el teórico de la Historia Conceptual, R. Koselleck (1983: 14), la historia en sí misma no tiene sentido, sino que es solamente un conjunto de hechos realmente acontecidos. Lo que le da sentido son las interpretaciones posteriores. Siendo una época histórica que dejó una gran repercusión en el mundo, los sucesos de estos años nunca han dejado de ser interpretada a lo largo de la historia china, igual que en el mundo occidental.

En el ámbito del cine también se aprecia un cambio similar en las percepciones sobre dicha historia: según que las películas sean rodadas en distintos momentos históricos se presentan con características muy variadas. Por ejemplo, las películas chinas filmadas durante la propia época constituyen pura propaganda política para promover el movimiento; los filmes rodados en los años 80, en cambio, se dedican a la reflexión y crítica de los mismos acontecimientos; y a partir de la década de los 90, se perciben en los largometrajes diversas voces sobre dicho movimiento bajo el contexto de la cultura de consumo. En cuanto a las películas occidentales, también se pueden observar las características distintas marcadas por los diferentes momentos y contextos históricos.

Las películas, siendo un medio que interpreta la historia, no constituyen solamente obras artísticas, sino que disponen de la función de difundir la ideología, orientar la opinión pública, recuperar la confianza social, etc. En comparación con las otras formas artísticas, las películas cuentan con ciertas características que les hacen triunfar en el mercado de consumo. Por ejemplo, se trata de una actividad de grupo acudir al cine, lo cual hace que las películas tengan el potencial de causar un impacto social más considerable que las otras producciones artísticas. Además, en una película se puede reducir la historia que transcurre durante varios años en menos de dos horas, creando un efecto épico que no lo tienen los otros medios artísticos. En ese tiempo limitado de un largometraje, es imposible narrar la historia completa, por lo que los directores suelen seleccionar las partes que le parecen importantes para crear su propia historia, motivo por el que puede haber diversas interpretaciones sobre un mismo acontecimiento histórico, fruto de los criterios de selección y relevancia.

Entre las películas que hemos elegido, algunas se grabaron en la propia época en que se produjo el movimiento, y las otras en momentos posteriores de dicho acontecimiento, lo cual nos ofrece una visión diacrónica sobre la evolución de las percepciones del suceso a lo largo de la historia, mientras que la comparación entre las cintas chinas y las occidentales nos permite observar las distintas miradas sobre dicho movimiento dentro y fuera de China.

Parte I
Análisis de las películas chinas

Capítulo I: Las películas chinas de la primera etapa (películas tipo):

Según I. Lotman (1996: 11), la semiosfera se entiende como "una determinada esfera que posee los rasgos distintivos que se atribuyen a un espacio cerrado en sí mismo. Sólo dentro de tal espacio resultan posibles la realización de los procesos comunicativos y la producción de nueva información" . El concepto "revolución" que puede indicar "tanto un cambio de régimen o una guerra civil, como también transformaciones a largo plazo; es decir, sucesos y estructuras que se introducen profundamente en nuestra vida cotidiana" (Koselleck, 1993: 67), se puede considerar como una semiosfera que se caracteriza por una serie de rasgos distintivos.

La revolución que se produjo a mediados de los años sesenta y que terminó a mitad de los años setenta (en adelante, RCC), perteneciente a las revoluciones políticas, dispone de ciertos elementos modélicos según los principios revolucionarios, por ejemplo, la propaganda política, el alzamiento, la lucha de clases, la traición, la rebelión y el culto a la personalidad, etc. Dichos elementos modélicos se representan mediante diversos signos revolucionarios en la vida cotidiana, tales como los llamamientos revolucionarios, los lemas revolucionarios, los discursos políticos, los retratos y esculturas de los líderes políticos, determinados vestuarios y peinados, etc. Todos esos signos revolucionarios mencionados se transmiten al pueblo, quien se vuelve ejemplar por cumplir los principios revolucionarios que establece el gobierno según determinados criterios con el objetivo de que todo el mundo repita el modelo establecido.

A las películas chinas hechas en plena revolución, las denominamos películas tipo, puesto que en ellas se encuentra la representación de casi todos los elementos modélicos del movimiento mencionado. Dichos largometrajes, considerados como textos artísticos según lo expresado en La semiótica de la cultura y el concepto de texto, de Lotman, cumplen la función socio-comunicativa de dirigir determinados mensajes revolucionarios al auditorio, sirviendo como "mediador que ayuda a la reestruturación de la personalidad del lector" (Lotman, 1996: 55), en otras palabras, tienen el objetivo de transmitir el modelo de la RCC para que lo repita todo el pueblo.

1. Los elementos representativos de la RCC

Podemos establecer estos elementos que constituyen los "signos" y su articulación como "textos" en el interior de la semiosfera que hemos creado para comprender los lenguajes y la producción de textos revolucionarios según el modelo establecido, es decir, según el cual se considera lo revolucionario o, por el contrario, lo contrarrevolucionario. Todos ellos hacen que la revolución sea legible conforme a sus códigos, necesarios para la comprensión y la actuación conforme a las normas que se han creado para regular el sistema de la Semiosfera.

Todos estos elementos que se reseñan a continuación son los que configuran la forma y el sentido revolucionarios según los códigos que se imponen como válidos.

1.1. Movimiento de "aprender de Dazhai en la agricultura"

El movimiento de "aprender de Dazhai en la agricultura" empezó en la década de los 60 del siglo XX, de acuerdo con un llamamiento planteado por el líder supremo de aquel entonces sobre "aprender de Daqing en la industria[1], aprender de

---

1 Daqing es una ciudad situada en la provincia de Heilongjiang. A finales de los años 50, se descubrió en dicha ciudad uno de los campos petroleros más grandes en China, de modo que el gobierno envió a 40 mil personas que trabajaron día y noche para desarrollarlo, y lo convirtieron en el campo petrolero más productivo del país. En el año 1963, el gobierno alentó a otras ciudades a aprender Daqing en la industria para acelerar el proceso de la construcción industrial.

Dazhai en la agricultura y aprender del Ejército de Liberación en toda la nación".

Dazhai era una mísera aldea localizada en la provincia de Shanxi, donde las condiciones naturales eran pésimas, y los aldeanos solo contaban con 285 hectáreas de tierra. Desafortunadamente, esas pocas tierras que tenían estaban divididas en más de 4.700 piezas, y encima muy mal distribuidas, esparcidas por todas partes: algunas estaban en las montañas, y otras en las zanjas. Dicha topografía, junto con las sequías e inundaciones frecuentes, dificultaban mucho el desarrollo de la agricultura, a causa de lo cual, la producción apenas alcanzaba los 45 kilogramos por hectárea, y el pueblo sufría de hambrunas muy a menudo.

En el año 1963, siguiendo las instrucciones del gobierno, Dazhai empezó a implementar la colectivización de la agricultura. Los aldeanos, bajo el liderazgo de los pensamientos de los líderes políticos del propio pueblo, trabajaban duramente para construir bancales y encauzar agua para regar la tierra. Lograron mejorar en gran medida las condiciones nutritivas de la tierra, y aumentaron la producción por hectárea a 336 kilogramos.

El 10 de febrero del siguiente año, se publicó un artículo en el periódico Diario del Pueblo para premiar los éxitos que había logrado Dazhai, convocando al resto del país a aprender del espíritu trabajador y revolucionario de los aldeanos de dicha ciudad. Más tarde, se produjo en toda la nación el movimiento de "aprender de Dazhai en la agricultura" que duró hasta los finales de los años setenta.

Dicho movimiento aparece como contexto histórico en muchas de las películas tipo, tales como 《海上明珠》 "La perla del mar", 《欢腾的小凉河》 "El río vigoroso de Xiaoliang" y 《山村新人》 "Los nuevos llegados al pueblo montañoso".

1.2. Lemas revolucionarios

Los lemas revolucionarios jugaban un papel muy importante

en la época de la RCC, en la cual los recursos materiales eran sumamente escasos y la gente necesitaba un sustento espiritual para seguir luchando. Bajo ese contexto, los lemas revolucionarios, por la función de motivar al pueblo, se volvieron esenciales para el desarrollo de la revolución, sobre todo para la realización de las actividades colectivas, y en muchas ocasiones fueron aprovechados por los políticos con la finalidad de manipular psicológicamente al pueblo.

Dichos lemas se podían encontrar en cualquier lugar y cualquier objeto en la vida cotidiana, por ejemplo, aparecían con la forma de carteles, pareados chinos o salían pintados directamente en las paredes. También se los veía en elementos rutinarios de cocina y en otros utensilios del hogar, tales como los platos, las latas, los cuencos, etc., igual que en los materiales académicos y laborales, e incluso en los documentos bancarios.

Dichos lemas revolucionarios abarcaban generalmente seis categorías: los que expresaban el culto a la personalidad del líder supremo y de otros líderes políticos; los que manifestaban el odio a los enemigos de la clase proletaria; los que indicaban el rumbo del trabajo socialista; los que exigían la lealtad del pueblo al partido; los que marcaban la lucha de diferentes bandos políticos, y los que trataban sobre las relaciones internacionales.

Como muchas de las películas tipo están ambientadas en el movimiento de "aprender de Dazhai en la agricultura" , los lemas sobre dicho tema tienen una aparición muy habitual en la vida cotidiana del pueblo, especialmente en las escenas de trabajo colectivo.

(Figura 1: Pareado chino que significa "seguir el camino de Daizhai" en la película 《海上明珠》 "La perla del mar")

(Figura 2: Pintura en la pared que significa "aprender de Dazhai en la agricultura" en la película 《欢腾的小凉河》 "El río vigoroso de Xiaoliang")

(Figura 3: Carteles en el lugar de trabajo que significan "aprender de

Dazhai en la agricultura" en la película 《山村新人》 "Los nuevos llegados al pueblo montañoso")

También se observan lemas que se dedican a mejorar la motivación laboral del pueblo para que sea más comprometido y eficiente:

(Figura 4: Carteles en el lugar de trabajo que significan "ser independientey trabajar duro" en la película 《山村新人》 "Los nuevos llegados al pueblo montañoso")

1.3. Radio y vehículos con propaganda política

Con el fin de promover la propaganda política, la emisión por cable logró un gran desarrollo durante la RCC. Prosperaron sobre todo las estaciones de radio por cable, las cuales aumentaron de un total de 78 a 90 en diez años, mientras las emisoras incrementaron de 1281 a 2503 durante ese tiempo.

Los megáfonos le resultarán familiares a cualquier persona que haya vivido el movimiento. Esta especie de altavoces que se colocaban en las fábricas, los campos, los colegios y los campamentos militares se convirtieron en la herramienta de difusión más eficaz durante la revolución. Las "instrucciones supremas" y las actividades revolucionarias se transmitían a través de la radio, y muchas familias seguían a diario la radio para estar informadas de los comunicados políticos.

El contenido que se transmitía en las estaciones de radio, como centro de la propaganda revolucionaria, se caracteriza por los discursos políticos en torno a la difusión de los pensamientos del líder supremo, la lucha de clases, la declaración de la condena a los enemigos de clase, etc. En cuanto al lenguaje que se empleaba, se observa un gran aumento de las frases imperativas y exclamativas, con una disminución de la frases declarativas. Las transmisiones, además de informar de la situación política a diario, también desembocaban miedo entre el pueblo.

Otro elemento de propaganda política que se ve mucho tanto en las películas tipo como en las películas de etapas posteriores consiste en los vehículos de propaganda, los cuales solían ser camiones o autobuses pequeños que llevaban altavoces. Igual que la radio, la función de dichos vehículos también consistía en transmitir los pensamientos de los líderes, informar al pueblo de las actividades revolucionarias más recientes, anunciar los delitos y los castigos de los enemigos de la clase proletaria, así como animar a las masas a participar más activamente en el movimiento.

(Figura 5: El vehículo con propaganda política en la película 《芒果之歌》 "La canción del mango")

1.4. Escuela política nocturna

Las escuelas políticas nocturnas constituyen un producto político peculiar que surgió durante la RCC. Cada ciertos días, los aldeanos del mismo pueblo se reunían en un lugar determinado después de la cena para recibir la educación política. El contenido que se impartía en las escuelas nocturnas solía ser las directrices del partido o las informaciones sobre las situaciones políticas nacionales e internacionales. También se enseñaban los poemas o las citas de los filósofos y los políticos famosos, tales como Marx y Lenin. Muy a menudo, se utilizaban dichas escuelas para la realización de la sesión de lucha.

Después de la finalización de dicho movimiento, las escuelas nocturnas siguieron funcionando durante un largo período de tiempo, desempeñando el mismo papel para la propaganda y la educación política. Empezaron a desmontarse a partir de la década de los 80.

Las escuelas políticas nocturnas aparecen en numerosas películas tipo, en las cuales cumplen las mismas funciones como las que hemos mencionado anteriormente.

1.5. Vestuario y peinado femenino

La masculinización del peinado y vestuario femenino constituye un fenómeno muy representativo durante la RCC. Dicho fenómeno se produjo debido al movimiento de destruir los "cuatro viejos" , según el cual, la moda, el maquillaje, el pelo largo, el peinado ondulado, entre otras formas estéticas, eran considerados representación de la clase feudal y burguesa, y por lo tanto, deberían ser eliminados en la sociedad comunista. Para llevar a cabo dicho movimiento con eficacia, los Guardias Rojos detenían a las mujeres que tenían el pelo largo u otros peinados inapropiados por las calles, y se les cortaban con tijeras en público. Las tiendas textiles se pusieron de acuerdo en dejar de fabricar ropa de moda y dedicarse a producir ropa para los obreros y campesinos. Las peluquerías también prometieron no hacer peinados fuera de lo apropiado.

El resultado fue que solo sobrevivió un único modelo de ropa, de género neutro y austero, diferenciado solamente por el color.

Además, las mujeres llevaban únicamente dos tipos de peinados: dos trenzas pequeñas junto a las ojeras, o un peinado corto y sencillo a la altura de las orejas, sobre todo este último que se hizo muy popular entre las chicas jóvenes, ya que las hacía muy activas y enérgicas, además de favorecerles mucho el trabajo en el campo y en las fábricas.

(Figura 6: Escena de 《海上明珠》 "La perla del mar")

(Figura 7: Escena de 《山村新人》 "Los nuevos llegados al pueblo montañoso")

2. La estructura narrativa estándar

Según la teoría de la narratología de R. Barthes, el relato contiene cuatro elementos esenciales: actantes, acciones, tiempo y espacio. En las seis películas chinas de la primera etapa, encontramos casi idénticos esos elementos. Por ejemplo, muchas de estas películas tienen como contexto histórico el movimiento de "aprender de Dazhai en la agricultura" , con el fin de animar a todo el pueblo chino a trabajar duro para la construcción del socialismo. Dichas películas también disponen de la misma estructura narrativa, de hecho, se puede observar un modelo estándar de todas las historias que se cuentan en esas películas por medio de sumar los nudos y eliminar las catálisis:

El héroe con papel positivo, quien es revolucionario proletario, sigue estrictamente las directrices del gran líder político para hacer contribuciones de forma activa a la revolución y desarrollar su personalidad como revolucionario.

El opositor con papel negativo, quien suele ser seguidor de la vía capitalista, siempre realiza en secreto las llamadas "actividades capitalistas" con la finalidad de poner obstáculos al trabajo del héroe y sabotear el desarrollo de la revolución.

Suele haber también un personaje secundario, fácil de ser manipulado, quien en realidad pertenece al grupo proletario, pero debido a su creencia no muy firme, siempre cae en las trampas del opositor y entra en crisis su fe revolucionaria.

Después de que las intrigas del opositor sean reveladas, éste se pone a elaborar planes para matar al héroe o realizar otros planes maliciosos, pero sin éxito.

También podemos observar en muchos casos el papel del ayudante del héroe, quien cumple la función de relatar una historia del pasado relacionada con los delitos que han cometido los capitalistas, así como los logros alcanzados por los revolucionarios proletarios, con el objetivo de dar una lección a las personas, tal como el personaje indeciso, que no tienen una creencia revolucionaria firme.

Al final de las películas, todo el mundo descubre las actividades malvadas que ha realizado el opositor para sabotear la Revolución, al mismo tiempo admira la personalidad revolucionaria que tiene el héroe; mientras, el movimiento sigue desarrollándose con éxito.

En cuanto a los actantes, se puede hacer una clasificación general de los personajes según las diferentes funciones que cumplen. Con la tabla de abajo podemos conocer mejor dichos personajes y el papel que desempeñan en las películas.

	Héroe	Opositor	Manipulado	Ayudante del héroe
Función y características	Revolucionario proletario y seguidor del líder supremo, desempeña un papel positivo que pertenece al lado de la justicia.	Seguidor de la vía capitalista e intenta sabotear la revolución, desempeña un papel negativo que pertenece al lado malicioso.	Desempeña un papel indeciso, no tiene una creencia revolucionaria muy firme, y suele caer en la trampa del opositor.	Desempeña un papel como ayudante del héroe, cumple su función principal de promover el desarrollo de la revolución y educar a las personas que siguen en la vía errónea, mediante las historias miserables del pasado sobre la lucha entre la gente pobre y los terratenientes, etc.

(Tabla 1 Fuente: Elaboración propia)

3. La imagen de las mujeres

La imagen femenina que se representa en las películas tipo es muy distinta a la imagen tradicional que tenían las mujeres en la historia de China, cuya sociedad fue dominada por el feudalismo que duró casi tres mil años y que dejó influencias trascendentales en los tiempos posteriores. La imagen femenina de dicha época se convirtió en el modelo estándar durante un largo periodo de tiempo.

Las mujeres en la sociedad feudal se encontraban en absoluta represión, sin ninguna personalidad independiente, sirviendo simplemente como objetos a sus maridos. A partir de dicha época, las mujeres debían cumplir con "las tres obediencias y las cuatro virtudes": las tres obediencias consisten en la obediencia total al padre antes de casarse; al esposo, una vez casada; y al hijo, cuando fallece el marido. Las cuatro virtudes son la fidelidad, la modestia, la belleza y la laboriosidad. Estas tres obediencias y cuatro virtudes implicaban que las mujeres virtuosas deberían ser las que tenían menos conocimientos, cuyo deber o la responsabilidad residía en hacer los trabajos domésticos, cuidar a los hijos y obedecer a su marido. Para que cumplieran estas reglas sociales, se habían inventado diversos métodos para limitar los derechos a las mujeres. Por ejemplo, a las mujeres les ponían muchas limitaciones a su apariencia: se les prohibía tener el pelo corto y llevar ropa indecente, y les obligaban a tener los pies de loto para que no pudieran caminar lejos de casa. No tenían el derecho a estudiar, el cual era un privilegio solamente de los hombres. No podían participar en la vida política, ni ingresar en el ejército, etc.

Así era la situación de las mujeres en la sociedad feudal china, una sociedad patriarcal en que los hombres tenían todo el derecho y el derecho de hacer todo, mientras que las mujeres estaban reprimidas bajo las reglas rigurosas, sin derecho de tomar parte en la vida política y social.

La imagen femenina representada en las películas tipo ha sido una transformación completa. Antes eran objetos de los hombres, sin embargo, en dichas películas logran tener una personalidad totalmente independiente, incluso con un papel más importante que los hombres en la revolución. Las características que presentan las mujeres en las películas tipo se pueden resumir en las siguientes:

En primer lugar, en cuanto a la apariencia de las protagonistas, suelen tener unos rasgos muy parecidos que parecen haber sido elegidas de acuerdo con un modelo estándar. Por ejemplo, todas tienen las cejas densas y los ojos grandes, y siempre con expresiones firmes; además, muchos de sus gestos y tonos de hablar se masculinizan, lo cual hace que tengan un aire heroico; en tercer lugar, lleva peinado de pelo corto que facilita el trabajo diario, así como ropa holgada y del mismo estilo que no indica el género, tales como las siguientes protagonistas de las películas:

(Figura 8: Xia Caiyun, protagonista de la película 《芒果之歌》 "La canción del mango")

(Figura 9: Ling Yanzi, protagonista de la película 《海上明珠》 "La perla del mar")

En segundo lugar, muchas de las mujeres revolucionarias que aparecen en dichas películas cuentan con nombres masculinos o de género neutro, por ejemplo, Fang Hua (de género neutro), protagonista de la película《山村新人》"Los nuevos llegados al pueblo montañoso", y Tang Guofeng (masculino), protagonista de la película《红霞万朵》"Nubes rosas". Dichos nombres les privan de las características femeninas, tal como la ternura y la delicadeza, masculinizando o neutralizando su género.

En tercer lugar, la mayoría de esas mujeres revolucionarias en las películas tipo se identifican como personas con mucha educación que tienen la creencia revolucionaria bastante firme, y suelen ocupar altos cargos políticos en dicho movimiento. Nunca se rinden en la lucha de clases, y siempre educan a las personas indecisas para que tengan una fe revolucionaria más sólida.

Por ejemplo, En la película 《海上明珠》 "La perla del mar" , la protagonista Ling Yanzi cumple todas las condiciones para ser una "mujer tipo" durante la época de la revolución: servía como guardia rojo cuando estudiaba, y tuvo el honor de ver al líder supremo en persona, además de trabajar como capitana del equipo agrícola de su pueblo natal. En dicha época eran muy importantes el origen y el estatus social de la familia, puesto que la gente que venía de las familias que pertenecían a las llamadas "siete clases negras" (los terratenientes, los campesinos ricos, los contrarrevolucionarios, los malvados, los derechistas, los capitalistas y la pandilla reaccionaria) no tenían derecho de ser guardia rojo. Por lo tanto, una mujer que había formado parte de los Guardias Rojos, había contribuido al desarrollo de la revolución, e incluso había tenido el privilegio de ver al líder supremo presencialmente, se convirtió en el modelo estándar que admiraban todas las mujeres de aquel entonces.

La protagonista en la película 《山村新人》 "Los nuevos llegados al pueblo montañoso" , Fang Hua, es una mujer de dicho modelo: fue jefa del equipo político del pueblo, había participado en el movimiento llamado "subir a las montañas y descender a los pueblos" [2] y había hecho grandes contribuciones en el movimiento de "aprender de Dazhai en la agricultura" . Igual que la protagonista Tang Guofeng en la película 《红霞万朵》 "Nubes rosas" , quien también participó en la revolución e hizo contribuciones destacadas en la construcción de su pueblo.

Todas esas mujeres siempre permanecieron firmemente en su fe revolucionaria, e insistieron en la lucha de las clases, tomando la revolución como su única meta en la vida. Muchas veces desempeñaban un papel más importante que los hombres en la vida política, mostrando el valor de criticar y educar a las personas que tenían posiciones políticas incorrectas.

En cuarto lugar, en cuanto al ámbito familiar, dichas mujeres asumían un papel sumamente diferente que en los tiempos

---

2   Dicho movimiento fue convocado por el entonces líder supremo, según el cual, había mucho que hacer en el campo, y los jóvenes que estudiaban en la ciudad deberían ir a los pueblos apartados para practicar los conocimientos que habían adquirido en los colegios, lo cual se lo denominaba como recibir la"reeducación".

anteriores. Abandonaban casi completamente las virtudes tradicionales chinas, tales como "las tres obediencias y las cuatro virtudes", y se enfrentaban con mucho valor a los padres, al marido, incluso a los suegros, para demostrar su espíritu revolucionario.

En la película《海上明珠》"La perla del mar", la protagonista Yanzi era una vanguardista en comparación con las mujeres tradicionales. Mostraba la capacidad de vivir con la misma posición social que los hombres y defender la verdad sin ser limitada por los criterios sociales tradicionales. Por ejemplo, el día en que se casó, insistía en ir a la casa de su marido ella sola, en vez de esperar a que fueran a su casa a recogerla el esposo con los familiares, y de esta manera rompió la tradición que existía en la sociedad china durante miles de años, manifestando el espíritu independiente y moderno que tenía como una mujer revolucionaria. Respetaba a su marido, pero también era segura de sí misma, contundente en sus gestos y palabras, y siempre defendía su creencia revolucionaria. La obediencia absoluta a la familia del marido, sobre todo a los suegros, era una regla universal para las mujeres en toda la sociedad china, sin embargo, en dicha película, Yanzi tuvo varias discusiones, incluso conflictos con su suegro, porque éste no podía reconocer las intrigas de Cui Min, el enemigo de clase, y lo defendía poniendo su fe revolucionaria en juego. Lo que hizo Yanzi era convencer a su suegro con pruebas firmes una y otra vez, sin faltarle el respeto, pero argumentando con fuerza y valor, y nunca cedió en las discusiones para complacer a su suegro. Al final logró educar a su suegro y a los demás que tendían a dejarse llevar por la vía capitalista, y de este modo contribuyó en la lucha de clases y promovió el desarrollo de la revolución. Su forma de ser también influyó en las otras mujeres del pueblo, una de ellas era Caixia, quien también decidió ir sola a la casa de su marido cuando se casó.

(Figura 10: Yanzi hablando con su suegro en la película《海上明珠》 "La perla del mar")

En la película《红霞万朵》 "Nubes rosas", para defender su fe revolucionaria y consolidar la economía colectiva del pueblo, Tang Guofeng también tuvo varios conflictos con su suegro, rompiendo "las tres obediencias y las cuatro virtudes", así como el estereotipo de que las mujeres solo podían ocuparse de los trabajos domésticos. Logró al final cambiar los pensamientos capitalistas que tenía su suegro, y animar a las mujeres a trabajar conjuntamente para la construcción de la represa.

En quinto lugar, Los papeles secundarios, sobre todo los ayudantes de la protagonista, de los cuales la mayoría son mujeres, también representan una imagen femenina muy llamativa.

En la película 《山村新人》 "Los nuevos llegados al pueblo montañoso", Yanzi, la amiga y compañera revolucionaria de Fang Hua, le ayudaba en la lucha contra los rivales; también la jefa de la aldea, una mujer de unos 50 años que tenía una fe revolucionaria firme y que siempre defendía a Fang Hua; así como la esposa del presidente de la comuna popular, quien mantenía la posición política correcta desde el principio hasta el final, y criticaba en pública a su marido por culpar equivocadamente a Fang Hua, etc. Estas mujeres que le ayudaban eran de todas las edades y todas servían como máquinas revolucionarias que nunca fallaban; siempre expresaban con valor sus opiniones políticas y constituían una fuerza indestructible para guiar el rumbo de la RCC.

A parte de eso, en dichas películas hay numerosas escenas en que las mujeres trabajan arduamente para el desarrollo de la revolución, sea individualmente o en forma colectiva, poniendo mucho esfuerzo en la construcción de la usina, conduciendo un tractor, o cultivando la tierra, etc., lo cual muestra el papel indispensable que desempeña el grupo femenino en dicho movimiento.

(Figura 11: Escena de 《海上明珠》 "La perla del mar")

En la película《红霞万朵》"Nubes rosas" también se percibe de forma reiterada la imagen de las ayudantes de la protagonista revolucionaria. Se denominaban a sí mismas como "el equipo de las mujeres de hierro"[3], una alianza formada por mujeres de diferentes edades, desde la adolescente que se enfrentaba a su padre criticando su posición política, hasta la anciana que suministraba comida a las mujeres trabajadoras. Todas ellas disponían de una personalidad independiente, desempeñando un papel igualitario o más importante que los hombres en el trabajo diario y en la vida social.

---

3   Las mujeres de hierro se refieren a las mujeres fuertes que tienen mucha influencia en el ámbito político y económico, etc.

Las mujeres que aparecen en las películas tipo cumplen una función completamente política, siendo interpretadas como puras máquinas revolucionarias. Raras veces se menciona la vida personal de las mujeres, como si su existencia fuera solamente para alcanzar la meta política. Se trata de una imagen unitaria y seca, sin amor, ni afecto, ni deseos, solo con aspiraciones políticas. Disponen de mínimas características femeninas para no poner en manifiesto su género, de hecho, se visten, hablan y trabajan como hombres, incluso tienen nombres masculinos. Tampoco respetan las virtudes tradicionales chinas como "las tres obediencias y las cuatro virtudes" , ya que muchas de ellas desempeñan un papel más importante que los hombres en la revolución. En resumen, la imagen femenina que se representa en las películas tipo está totalmente masculinizada, revolucionaria y politizada.

La imagen femenina en el cine también refleja la situación real que vivían las mujeres en aquella época. En la historia de China, el cambio de la imagen femenina siempre ha estado relacionado con el desarrollo del patriarcado. Dicho cambio, en la mayoría de los casos, está condicionado por el criterio de belleza y el juicio de los hombres. Durante la RCC, la igualdad que se le asignaba a las mujeres, tanto en el nivel físico como en el psicológico, de ninguna manera se parece a la misma igualdad que se pretende hoy en día, sino más bien una igualdad manipulada con propósitos políticos. Se les consideraban como grandes recursos humanos, y les hacían sentirse avergonzadas de tener atributos físicos femeninos, de este modo, no solo lograban que dicho grupo femenino hiciera todo lo posible para tener una figura más masculina, sino que también las convertían en máquinas revolucionarias motivadas y confiadas, ya que creían en sí mismas como fuerzas más potentes que los hombres en el movimiento político.

Este papel igualitario que les otorgaron a las mujeres también tenían sus consecuencias negativas, por ejemplo, no podían llevar ropa o peinado diversificados; las actividades de entretenimiento se limitaban a escuchar la radio o aprender los bailes y las canciones revolucionarios; todos los detalles de la vida cotidiana, hasta el matrimonio, estaban politizados.

4. La politización de la vida humana y la distorsión de las relaciones familiares

Durante la RCC, la vida cotidiana del pueblo estaba muy restringida políticamente. Se debía delatar a los familiares, marcar distancia con los miembros de la familia que no tenían una posición política correcta, sufrir los castigos por consecuencia de los hechos ajenos, entre las otras obligaciones que debían cumplir, lo cual hizo que la vida humana quedara completamente politizada. Dicho fenómeno también se ve reflejado en las obras artísticas. Si observamos bien las óperas revolucionarias creadas en dicha época, veremos que casi todos los personajes carecen de sentimientos humanitarios o de empatía. No sienten amor por los demás, ni hablan de las relaciones familiares, y lo único que les importa es la revolución, la cual constituye todo el sentido de su vida. A dichas personas se les llamaban irónicamente "solteros y viudas" .

Siendo una interpretación del ascetismo espiritual que existía en la vida real, las obras artísticas, tales como las óperas y las películas, siempre servían como la herramienta principal para la formación moral a los ciudadanos chinos que no tenían una educación elevada. A través de dichas producciones políticas, se transmitían a todo el pueblo chino las ideas anti-amor, anti-matrimonio y anti-familia.

En las películas tipo, se percibe mucho la politización de la vida humana, junto con una distorsión enorme en las relaciones familiares que se refleja en distintos aspectos.

4.1. El matrimonio

Resulta raro que en las películas de la primera etapa se mencione el tema del matrimonio, puesto que el cine de aquel entonces era puro producto político y se hacía todo lo posible para evitar la manifestación de los sentimientos ajenos a la revolución. En las seis películas tipo que hemos elegido, solo hay una en que se habla del tema nupcial, sin embargo, su aparición también cumple ciertos objetivos políticos, tal como destacar el espíritu moderno que tienen las protagonistas en comparación con las mujeres en las sociedades tradicionales.

La película 《海上明珠》 "La perla del mar" empieza con la boda de la protagonista Yanzi. Sin embargo, como lo que hemos mencionado anteriormente, dicho matrimonio existe por motivos políticos. Por ejemplo, en el mismo día de la boda, Yanzi se fue a la casa de su marido ella sola, lo cual significa un cambio tremendo de las tradiciones chinas, ya que según las costumbres, la familia del esposo siempre debe ir a la casa de la novia a recogerla. Con ese hecho lo que se pretende destacar es una rebelión frente a la imagen femenina tradicional para la movilización de las mujeres en la revolución.

Además de eso, la vida matrimonial que se muestra en dicho film también está totalmente politizada. Las conversaciones entre Yanzi y su esposo Da Tao siempre se realizaban en torno a los temas políticos, y cuando Da Tao estaba trabajando fuera del pueblo, todas las cartas que le escribía a Yanzi, que deberían constar de sentimientos afectuosos, parecían más bien reportajes políticos, puesto que solo le informaba de los trabajos que había realizado él y su grupo, dando apoyo a Yanzi para que siguiera con la lucha de clases, etc. Todo eso hace que los dos personajes, en vez de ser una pareja recién casada, parecían más compañeros revolucionarios.

Aparte de lo dicho anteriormente, muchas de las parejas que aparecen en las películas tipo están en posiciones políticas distintas. Los hombres suelen ser los que no tienen la creencia revolucionaria muy firme, o incluso participan en las actividades capitalistas, mientras que las mujeres los corrigen y educan. En vez de un ambiente feliz y comprensivo que debería haber en las relaciones matrimoniales, lo que se percibe en dichas películas son el distanciamiento y los conflictos, como lo que se muestra en las películas 《海上明珠》 "La perla del mar", 《山村新人》 "Los nuevos llegados al pueblo montañoso", y 《红霞万朵》 "Nubes rosas", en las cuales los directores dan un toque político intensificado a la vida matrimonial para despertar al máximo la consciencia política del pueblo y animarlos a participar en la revolución.

4.2. Los padres e hijos

Las relaciones entre los padres e hijos que se reflejan en esas películas también están destacadas por la politización. Si decimos que la obediencia a los padres forma parte de las tradiciones más importantes en la cultura china, en las películas tipo se puede observar una ausencia total de dicha virtud, puesto que los hijos siempre se enfrentan con sus padres para defender su fe revolucionaria, incluso los niños pequeños, quienes no tienen ni idea de la lucha política pero representan la parte de la justicia, también tienen sus propias formas de llevar la contraria a sus padres.

En la película 《海上明珠》 "La perla del mar", cuando el padre de Da Tao quería designar un trabajo importante a Cui Min, quien era seguidor de la vía capitalista, Da Tao tuvo una discusión muy fuerte para impedir a su padre que lo hiciera.

(Figura 12: Da Tao discutiendo con su padre en la película 《海上明珠》 "La perla del mar")

En la misma película, un campesino quería vender los mariscos que había pescado para ganar un dinero extra, lo cual fue considerado como un acto capitalista que estropeaba la economía colectiva, fue criticado por su esposa y otros vecinos revolucionarios, incluso por su propio hijo, un niño de unos tres o cuatro años, quien se burló de la actividad realizada por su padre con un gesto que simbolizaba vergüenza, de ahí se ve de manera obvia la distorsión de las relaciones entre los padres e hijos, puesto que un niño tan pequeño no debería entender lo que estaba pasando, y es evidente que la madurez que tenía se la impuso el director.

(Figuras 13 y 14: El niño burlándose de su padre y el padre dándole una bofetada en la película 《海上明珠》 "La perla del mar")

4.3 Los suegros y nueras

Como mencionamos, cuando analizamos la imagen femenina en

dichas películas tipo, la obediencia a los suegros, quienes gozan de la jerarquía más elevada en una familia, constituye una regla de suma importancia en las relaciones familiares. Por lo tanto, las mujeres que contradigan a sus suegros están muy mal vistas. Sin embargo, en las películas tipo podemos encontrar a muchas protagonistas que se atreven a oponerse a sus suegros, con el objetivo de corregir su posición política errónea.

Igual que la joven revolucionaria Yanzi en la película 《海上明珠》 "La perla del mar", la protagonista Tang Guofeng en la película 《红霞万朵》 "Nubes rosas", quien había participado en la revolución y había hecho contribuciones destacadas en la construcción de su pueblo, también tuvo muchos conflictos con su suegro, el jefe del equipo de producción.

Las ideas revolucionarias de Tang estaban completamente en contra de los pensamientos tradicionales de su suegro, quien insistía en que las mujeres debían dedicarse a la ocupación servil, en este caso se refería al tejido de bambú, para que cada familia pudiera ganar un dinero extra. Sin embargo, siendo la presidenta de la Unión de las Mujeres, Tang declaró que las mujeres, igual que los hombres, también tenían el derecho y la responsabilidad de participar en la construcción de las obras hidráulicas. Más de una vez, argumentaba citando la palabras del líder supremo, "el gran líder ha dicho que hemos entrado en una época nueva en la que los hombres y las mujeres son iguales, lo que los hombres pueden hacer, las mujeres también somos capaces de hacerlo". Y de esta forma logró animar a las mujeres a trabajar conjuntamente para la construcción de la represa, rompiendo "las tres obediencias y las cuatro virtudes", así como el protocolo de que las mujeres solo podían ocuparse de los trabajos domésticos.

(Figura 15: Tang Guofeng convenciendo a su suegro en la película 《红霞万朵》 "Nubes rosas")

4.4. Los hermanos

Igual que otras relaciones familiares, las relaciones entre los hermanos también presentan características revolucionarias, es decir, también se someten a las reglas políticas. En la película 《芒果之歌》 "La canción del mango" , las dos chicas jóvenes, Zhou Xiaoshuang y Zhou Xiaohong, quienes eran gemelas y estudiaban en la misma universidad, formaban parte de los Guardias Rojos, pero de dos bandos revolucionarios diferentes, y cada vez que se volvían tensas las relaciones entre esos dos bandos, empezaba también una lucha entre las gemelas, quienes incluso separaban la cama y la mesa para vivir de forma individual.

Como se puede observar con los elementos anteriormente analizados, la distorsión en las relaciones familiares hace que dicho núcleo social pierda completamente su función básica, tales como la compresión, el cariño y el apoyo que se suelen sentir en el seno familiar, y que se convierta en un campo de batalla, donde todos los miembros de la familia entran en discusiones o conflictos para defender sus ideologías políticas diferentes.

Esa politización completa de la vida humana que se refleja en dichas películas sirvió para debilitar los afectos familiares en la vida real, con el objetivo de que todo el pueblo tomara la revolución como la meta más importante en la vida. El resultado fue que las personas terminaron delatando a los propios miembros de la familia para demostrar su fe revolucionaria, lo cual fomentó en gran medida el desarrollo del movimiento político, sobre todo la lucha de clases.

5. Las características del lenguaje cinematográfico

5.1. El uso del primer plano para los protagonistas

Las películas tipo cuentan con un lenguaje cinematográfico muy caracterizado, puesto que su elaboración sigue estrictamente "el principio de los tres factores destacados" que consiste en: 1) destacar entre todos los personajes a los personajes con papel positivo; 2) destacar entre los personajes con papel positivo a los héroes; 3) destacar entre todos los héroes al personaje nuclear.

Para crear los héroes revolucionarios de acuerdo con dichos principios, se aplica con alta frecuencia el primer plano, sobre todo sobre los personajes principales. Los directores suelen colocar a dichos personajes en el medio del escenario, resaltándolos con la luz principal, con el fin de capturar sus sentimientos o pensamientos a través de los gestos y las expresiones, etc.

Podemos encontrar en las películas tipo una gran cantidad de imágenes del primer plano de los protagonistas:

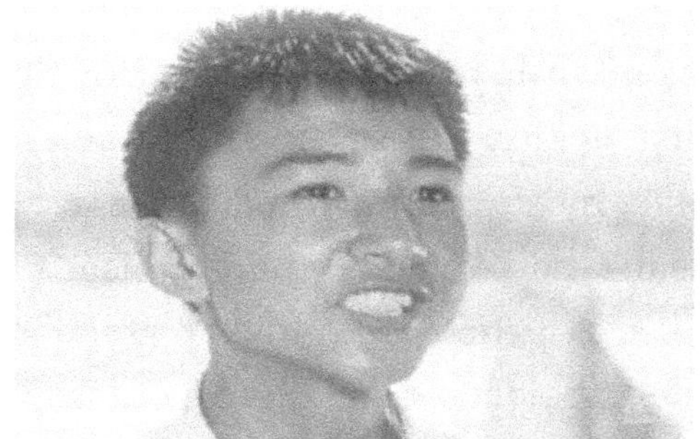

(Figura 16: Protagonista Hong Yu en la película 《红雨》 "La lluvia roja")

(Figura 17: Protagonista Ling Yanzi en la película《海上明珠》 "La perla del mar")

(Figura 18: Protagonista Xia Caiyun en la película《芒果之歌》 "La canción del mango")

"El principio de los tres factores destacados" se dedica a deificar de forma deliberada a los personajes con papel positivo, con el objetivo de crear los llamados "héroes revolucionarios", lo cual hace que los personajes y las relaciones entre ellos carezcan de variedad y autenticidad, y que los filmes se parezcan a productos completamente artificiales y alejados de la vida real, sirviendo meramente como propaganda política.

5.2. El uso del plano general para escenas de trabajo

El plano general también se usa muy a menudo en las películas tipo, sobre todo cuando se presentan los grandes escenarios de trabajos colectivos para la construcción del socialismo. Suelen aparecer al principio de la película, mostrando una imagen general del trabajo en grupo que está realizando el pueblo para indicar el contexto histórico en que se ubica la película. En dichas escenas suele haber una multitud de gente trabajando duro, con esperanza y pasión, cantando juntos o animándose entre sí, lo cual simboliza el futuro brillante de la revolución.

(Figura 19: Escena de《 红 雨 》 "La lluvia roja")

(Figura 20: Escena de《海上明珠》 "La perla del mar")

(Figura 21: Escena de《欢腾的小凉河》 "El río vigoroso de Xiaoliang")

(Figura 22: Escena de《山村新人》 "Los nuevos llegados al pueblo montañoso")

5.3. El uso del plano general para el tiempo y el paisaje

En las películas tipo, tanto el tiempo (tormenta, viento, tempestad, etc.), como el paisaje (mar, montañas, sol, cielo, etc.), disponen de un sentido metafórico, por ejemplo, un mal tiempo suele simbolizar las dificultades con las que se encuentran los héroes, al contrario, un paisaje pintoresco de las montañas o del mar siempre significa la esperanza que tiene el pueblo, el éxito que han logrado en la revolución, o el futuro brillante que tendrán trabajando duramente para la construcción del socialismo. Los directores utilizan el plano general, junto con una combinación de música dramática, para presentarnos las escenas simbólicas como las siguientes:

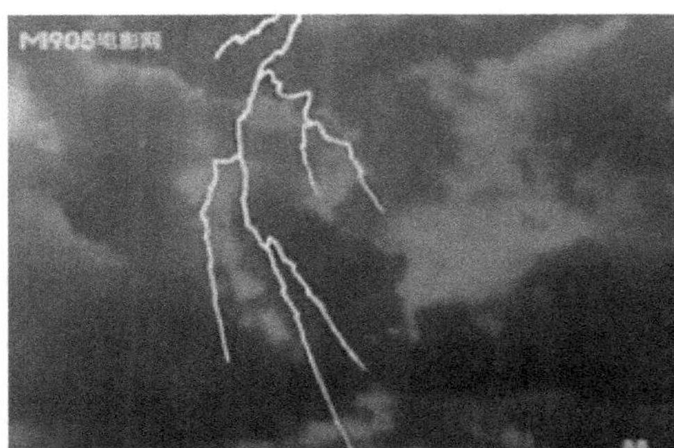

(Figura 23: Escena de tormenta en la película 《红雨》 "La lluvia roja" que simboliza la situación difícil en que se encuentra el protagonista)

(Figura 24: Escena de montañas y arcoíris en la película 《红雨》 "La lluvia roja" como símbolo de esperanza)

(Figura 25: Escena del oleaje impetuoso en la película 《海上明珠》 "La perla del mar" que significa las circunstancias críticas)

Capítulo II: Las películas chinas de la segunda etapa (I)

La mayoría de las películas que se rodaron entre el año 1977 y el año 1979 disponen de características muy similares a las que tienen las películas tipo, puesto que también constituyen productos políticos, teniendo en consideración la necesidad de eliminar la influencia que había dejado la "Banda de los cuatro" , quienes conspiraron para conseguir el poder máximo en el partido. Igual que las películas tipo, estas películas disponen del mismo estilo narrativo, aplicando "el principio de los tres factores destacados" en cuanto a la creación de personajes, mientras que el lenguaje cinematográfico sigue prácticamente con las mismas peculiaridades.

La derrota de la "Banda de los cuatro" supuso el final de la RCC que había durado diez años enteros. Todo el país estaba disfrutando del triunfo, esperando la reforma que se llevaría a cabo en los ámbitos ideológicos, políticos y administrativos, etc. Sin embargo, dicho proceso se vio obstaculizado en gran medida por las directrices equivocadas sobre "los dos lo que sea" , que consistían en "respetar resueltamente cualquier decisión política que tome el presidente y seguir sin vacilar las instrucciones que el presidente haya dado" , y como consecuencia, dificultó bastante el avance de la reforma que se planteaba realizar en todo el país.

Con el fin de corregir los errores tanto políticos como judiciales que se habían cometido durante dicho movimiento, en el año posterior, el miembro del Partido Comunista, Deng Xiaoping, hizo una dura crítica a las directrices de "los dos lo que sea" , sosteniendo un conocimiento correcto en cuanto a las relaciones entre la teoría y la práctica, proponiendo la práctica como el único criterio para probar la verdad, lo cual logró derribar de manera completa las directrices de "los dos lo que sea" , aunque causó fuertes repercusiones y recibió críticas dentro y fuera del partido. El debate a nivel nacional sobre el criterio de la verdad liberó en cierto sentido la mente del pueblo chino, algo que también se ve reflejado en las películas de dicha época, en las cuales se notan de forma obvia las características heredadas de las películas tipo, pero también se pueden percibir cambios delicados que las desvían del modelo revolucionario, por ejemplo, el tono general de las películas y la variedad de los temas centrales.

En comparación con las películas de la primera etapa, caben destacar los siguientes elementos distintos y semejantes que tienen los filmes hechos durante los siguientes tres años:

1. Elementos distintos:

1.1. El tono sombrío

Al contrario de las películas tipo que transmiten esperanza, alegría y otros sentimientos positivos para elevar el entusiasmo del pueblo, las películas de las que estamos hablando presentan un tono mucho más sombrío. Uno de los motivos consiste en la muerte del entonces primer ministro y la del presidente que tuvieron lugar en enero del año en que terminó la revolución y en septiembre del mismo año. El fallecimiento de los dos líderes nacionales causaron un dolor profundo que deprimía a todo el pueblo chino y otorga un matiz lúgubre a dichas películas.

A parte de eso, debido a las directrices de "los dos lo que sea" anteriormente mencionadas, todo el país seguía envuelto en el ambiente post-revolucionario sin que se cuestionara ni el liderazgo del presidente fallecido, ni la revolución en sí. Se creía que la revolución era un movimiento correcto y necesario, y que el problema fue causado por un grupo de malvados que conspiraban en la política, en concreto, la "Banda de los cuatro" , quienes se aprovecharon de la situación para conseguir el poder supremo en el partido. Dicho pensamiento también refuerza el tono sombrío de las películas hechas en estos años, puesto que se centran más en temas sobre intrigas políticas y luchas de poderes.

1.2. La evolución de los personajes

En comparación con las películas tipo, se aprecia una ligera evolución en cuanto a los personajes que aparecen en las películas rodadas durante los tres próximos años. En las películas de la primera etapa, los héroes suelen ser los individuos que tienen la fe revolucionaria contundente y firme, mientras que los opositores que sabotean el desarrollo de la revolución siempre consisten en los seguidores de la vía capitalista, quienes buscan su propio beneficio a coste de la economía colectiva, violando los principios del partido y del pensamiento marxista- leninista.

Sin embargo, en las películas de los tres años posteriores, los héroes pasan de los individuos revolucionarios a ser los intelectuales y veteranos del partido, quienes fueron clasificados como seguidores de la vía capitalista durante la revolución, y según lo que se creía, constituían la base social para la restauración capitalista, puesto que los veteranos del partido tenían poder político, y los intelectuales ejercían mucha influencia en el ámbito ideológico. Obviamente, para corregir las injusticias que habían sufrido los veteranos y los intelectuales durante ese movimiento, habría que recuperar la reputación de esos dos grupos de personas, como lo que se refleja en estas películas.

En cuanto a los opositores, pasan de personas individuales que seguían la vía capitalista a los grupos colectivos con conspiraciones políticas, en este caso, suelen ser miembros de la "Banda de los cuatro" o sus cómplices. Aunque se había acabado la RCC en aquel entonces, el conocimiento superficial y la falta de reflexión sobre dicho movimiento, junto con el culto a la personalidad del líder supremo, hicieron que los miembros de la "Banda de los cuatro" se convirtieran en los únicos culpables, quienes siempre juegan el papel de opositor que estropea la Revolución en dichas películas.

1.2.1. *El papel de los veteranos del partido*

Bajo la influencia de las directrices de "los dos lo que sea", todo el país estaba sumergido en el ambiente post-revolucionario, en el cual se predominaba la creencia de que no se podía negar la RCC dirigida por el líder supremo, puesto que las decisiones que había tomado él eran incuestionables, al contrario, los culpables eran un pequeño grupo de políticos que conspiraban para robar el poder máximo del partido. De modo que, con tal de recuperar ese poder quitado por ese grupo, todo volvería al estado normal.

Por ejemplo, en el lema que aparece al principio de la película 《十月的风云》 "Tormenta en octubre" aparece "Heredar la última voluntad del presidente y llevar a cabo la revolución proletaria hasta el final", así como lo que está escrito en la nota que el protagonista deja en su mesa: "Heredar la última voluntad del presidente y obedecer el comando del primer ministro".

Como reflejo del ambiente post-revolucionario anteriormente mencionado, la mayoría de las películas que se hicieron durante estos años aplican sistemáticamente el mismo modelo narrativo: los veteranos del partido siguen con toda fidelidad la ruta correcta, promoviendo al mismo tiempo el desarrollo de la revolución y la producción de materiales, arrancando los factores que impiden el avance de dicho movimiento socialista, sin embargo, la "Banda de los cuatro" y sus cómplices no paran de hacerles la contra y ponerles obstáculos para sabotear la revolución y conseguir el poder político en el partido, con el fin de obtener sus propios beneficios. El resultado, después de una serie de luchas intensas del poder, siempre se resume en la derrota de la "Banda de los cuatro", mientras que los veteranos del partido recuperan su reputación, y el pueblo consolida la creencia socialista, luchando para continuar la revolución.

En la película 《十月的风云》 "Tormenta en octubre", la "Banda

de los cuatro" se aprovechaba del dolor y depresión que sufría todo el pueblo chino por la muerte del presidente para planificar la lucha del poder. El cómplice de la banda, subsecretario del comité municipal del partido, se juntó con la periodista Zhang Lin, quien trabajaba como corresponsal especial de la banda, para tender una trampa a Xu Jian, el secretario provincial del partido. Cuando He Fan, secretario de un arsenal y veterano del partido, se dio de baja por estar enfermo, Ma Chong y Zhang Lin emitieron una "misión de emergencia", y ordenaron en privado al arsenal que realizara una producción urgente de piezas de ametralladoras, conspirando para lanzar una rebelión armada; al mismo tiempo, diseñaron a escondidas un accidente de coche para asesinar a He Fan. Este logró reconocer las intenciones malvadas de los conspiradores, y junto con Xu Jian, empezaron una lucha dura de poderes. De repente corrió la noticia de que se había caído la "Banda de los cuatro", por lo que sus cómplices perdieron el respaldo y acabaron condenados.

En la película 《风雨里程》 "Un camino tormentoso", el protagonista, Lu Zhiyun, también veterano del partido, participó en el equipo de renovación, respondiendo con entusiasmo al llamamiento del partido para desarrollar la construcción de las carreteras. Los seguidores de la "Banda de los cuatro", con Yao Xingbang como representante, tenían miedo a que la renovación de las carreteras les interrumpiera su conspiración de "establecerse en Shanghái, arruinar el país y tomar el poder en el caos", de modo que empezaron a crear obstáculos para el trabajo de la renovación, calumniándoles que solo se fijaban en la producción de materiales, ignorando la revolución política e ideológica. Al ver que no habían podido impedirlos, los cómplices de la banda pretendieron producir una colisión de trenes para asesinar a los veteranos del partido, e incluso secuestraron a Lu Zhiyun, obligándole a reconocer que era seguidor de la vía capitalista. Al final, con la ayuda de los trabajadores y de las masas, fue rescatado Lu, y el equipo de renovación consiguió llevar a cabo su trabajo.

Otra película que también aborda este tema se titula 《严峻的历程》 "Un curso severo" , en la cual el fallecimiento del presidente también constituye el fondo histórico. Por orden del Consejo de Estado para revolver el problema de congestión del tráfico, el equipo de locomotoras, llamado "Larga Marcha" , acudió al Buró de Ferrocarriles de Jiangbin. Cheng Shaojie, director de la Oficina de Ferrocarriles de Jiangbin, fue traidor de la RCC y ganó la confianza de la "Banda de los Cuatro" . Adhiriéndose a la voluntad de dicha banda, intentó difamar a los cuadros del Buró de Ferrocarriles y a los veteranos del partido como seguidores de la vía capitalista que insistían en la productividad material, y al mismo tiempo, fundaron ilegalmente el "Comité de gestión de la industria" para usurpar el liderazgo del comité del partido. Igual que otros opositores en la películas anteriores, también planificaron accidentes para estropear el trabajo del equipo de locomotoras, así como para asesinar a los veteranos. Sin embargo, fueron reveladas todas sus conspiraciones gracias a los sacrificios que hicieron los trabajadores, al mismo tiempo que terminaron en un completo fracaso dichos conspiradores, acompañados con la derrota de la "Banda de los cuatro" .

Se puede ver claramente en estas películas la pretensión de recuperar la reputación de los veteranos del partido que fueron perseguidos durante la revolución. Los argumentos siguen el mismo modelo narrativo, inventados por el propio director, carentes de coherencia en muchos casos, y siempre se reduce a la lucha entre la justicia y la maldad que termina con el triunfo de la primera, mientras que los opositores siempre son demonizados a propósito, presentando una imagen caricaturesca irreal.

1.2.2. *El papel de los intelectuales*

Con el objetivo de corregir los errores que se cometieron durante la revolución, los intelectuales, siendo otro grupo que sufrió mucha persecución durante dicho movimiento, también se convierten en los protagonistas de las películas que se hicieron en esta época, tales como《苦难的心》"Un corazón miserable" y《生活的颤音》"El temblor de la vida".

La película《苦难的心》"Un corazón miserable" se sitúa en el año 1975. El intelectual Luo Bing zhen, especialista en cirugía torácica en el Hospital Haibin, reanudó su trabajo que le habían obligado a dejar durante la revolución y continuó con éxito la cirugía de corazón. Bajo el apoyo de Tian Gang, director del Comité Revolucionario del Hospital, Luo Bingzhen realizó una cirugía al paciente Su Lan. Sin embargo, debido a la interferencia de Xu Jiamao, quien trabaja en el equipo de propaganda (cómplice de la "Banda de los cuatro"), la enfermera Xiao Qiao cometió un error en la operación que causó la muerte de la paciente. Xu Jiaomao calumnió a Luo Bingzhen por hacer experimentos con la vida humana y le suspendió de empleo, lo cual también comprometió a la hija de Luo, quien perdió la oportunidad de participar en la selectividad y fue abandonada por su novio. Más tarde, un paciente moribundo requería urgentemente de cirugía, y Luo se ofreció a hacerlo a pesar de la situación difícil en la que se hallaba. Al final salvó al paciente, pero se desmayó por los golpes duros que había recibido en la vida y por el cansancio excesivo. Después de la derrota de la "Banda de los cuatro", Tian Gang fue a hablar con Luo para informarle de la oferta que le había dado el Congreso Nacional de Ciencias, pero Luo ya había fallecido.

El 5 de abril del año en que se acabó la RCC, en el festival Qingming, millones de personas se reunieron en la plaza principal de la capital para expresar la condolencia al primer ministro fallecido y su insatisfacción con la revolución. Ese movimiento espontáneo fue considerado el símbolo del despertar masivo en la nueva era, y los intelectuales constituían la principal fuerza de este acto.

La película《生活的颤音》"El temblor de la vida" tiene como fondo histórico dicho movimiento, y narra una historia sobre los intelectuales jóvenes Zheng Changhe y Xu Shanshan, quienes lucharon contra los cómplices de la "Banda de los cuatro" arriesgando la vida. El protagonista Zheng Changhe, violinista, fue perseguido por el cómplice de la "Banda de los cuatro" y subdirector del Ministerio de Cultura, Wei Li, por el hecho de haber ido a la plaza a expresar las condolencias al primer ministro fallecido. La joven Xu Shanshan lo salvó, y reconoció que él era el chico que le había dado la copia de los poemas en la plaza hacía tiempo. Se enamoró del joven por su valentía y su talento. Wei Li también estaba enamorado de Xu Shanshan, y para poder estar con ella, difamó a Zheng Changhe delante de los padres de la chica, y logró que la madre interviniera en la relación entre su hija y el violinista. Sin embargo, Xu Shanshan reconoció las intrigas de Wei Li y estaba decidida en seguir la relación con Zheng Changhe. En un concierto que organizó Zheng para conmemorar al primero ministro y condenar a la "Banda de los cuatro" , Wei Li y sus cómplices se presentaron con la intención de matar al violinista, sin embargo, corrió justamente la noticia de que se había caído la "Banda de los cuatro, y el concierto logró llevarse a cabo con éxito.

Aunque la reflexión sobre la revolución todavía se limitaba al ámbito político, hubo un gran salto en cuanto a la descripción de la imagen social y profesional de los intelectuales, cuyos trabajos abarcaban sectores de medicina, agronomía, meteorología, educación, etc. En comparación con las películas tipo en las que a los intelectuales se les impone una imagen mezquina y ridícula, en las películas de esta época se les otorga el papel tradicional de los intelectuales chinos, quienes son humildes y rectos, y siempre se preocupan por el futuro del país.

1.3. La suavización en las relaciones familiares

En comparación con las películas tipo en las que hay una distorsión enorme en cuanto a las relaciones familiares, en las películas hechas durante los siguientes tres años, se percibe una suavización en el ámbito familiar, puesto que dichos largometrajes ya no constituyen una simple manifestación del ascetismo espiritual, cuyo objetivo consiste en transmitir al pueblo las ideas anti-amor, anti-matrimonio y anti-familia para que delaten a los familiares y marquen distancia con los miembros de la familia que no tienen una posición política correcta. El inmenso dolor que causa la RCC, la reflexión sobre dicho movimiento y la necesidad de restablecer la creencia socialista hacen que la familia se convierta en un elemento de unión en contra de los conspiradores políticos.

1.3.1. *Una imagen de la familia más humana*

En las películas tipo, la familia es pleno producto político, y solo cumple una función que consiste en criticar y delatar a los familiares para mantener la pureza revolucionaria. Para conseguir dicho objetivo, a los miembros de la misma familia se les suele asignar posiciones políticas distintas para que se produzcan conflictos entre las parejas, los padres e hijos, los hermanos, e incluso los suegros y nueras. La familia pierde toda su función social y humana, ya que no se percibe ningún sentimiento afectuoso, y todo lo que sucede entorno a la familia está estrechamente relacionado con la política.

En las películas hechas durante los próximos tres años, sigue habiendo conflictos entre los miembros de la familia debido a las posiciones políticas diferenciadas, sin embargo, la familia cobra una imagen más humana y coherente.

En la película 《十月的风云》 "Tormenta en octubre", el protagonista He Fan y su esposa se apoyaban mutuamente cuando éste sufría injusticias y persecuciones por parte de los cómplices de la "Banda de los cuatro". No solo la mujer estaba a su lado dándole apoyo y cariño todo el tiempo, la hija de He Fan también jugaba el papel de respaldo por ir a recogerle al hospital y abrazarle cuando se vio obligado a dejar su puesto de trabajo por la enfermedad. Lo mismo pasó a la familia de Xu Jian, cuyo hijo murió en un accidente de coche planeado por los maliciosos. Xu consoló a su mujer sobre que valió la pena la muerte de su hijo, y los dos se apoyaban para superar la tristeza de perder a su ser querido.

En la película 《严峻的历程》 "Un curso severo", se perciben más conflictos que uniones en el ámbito familiar, sin embargo, los conflictos en dicho film no son símbolos de separación familiar, sino que pretenden destacar la fuerza de la unión y la justicia. Por ejemplo, cuando el opositor Cheng Shaojie estaba planificando las conspiraciones para conseguir el liderazgo del comité del partido, su abuelo le regañó por haber traicionado los principios del partido, y se negó a mudarse al piso de lujo que tenía el nieto. La mujer de Cheng también empezó a tener cada vez más discusiones con él porque se dio cuenta de la posición política errónea que tenía su marido. El tío y la prima de Cheng notaron el error político que estaba cometiendo Cheng cuando le visitaron, y terminaron alejándose de él. Al final, todo el resto de la familia se unieron en contra de Cheng, optando por la justicia y la posición política correcta.

Hay que destacar que los conflictos familiares que se presentan en esta película no son de la misma naturaleza que los de las películas tipo, los cuales muestran delaciones deshumanizadas entre los miembros de una misma familia, sino que contienen sentimientos humanos, ya que los familiares sentían pena por Cheng Shaojie y querían que dejara las conspiraciones y volviera al camino correcto; sin embargo, éste no les hizo caso y terminó marginado por el resto de la familia.

1.3.2. *La aparición frecuente del tema del amor*

A diferencia de las películas tipo, el tema del amor deja de ser tabú en las películas rodadas durante los siguientes tres años, aunque en la mayoría de los casos sigue relacionado con la política.

En la película 《风雨里程》 "Un camino tormentoso" hay varias escenas en que el protagonista Lu Zhiyun y la joven Jin Xiu aparecen como una pareja enamorada. Por ejemplo, cuando Lu iba a participar en el equipo de renovación de carreteras, se encontró con Jin Xiu en la estación de tren, y cuando otra chica, amiga de la pareja, estaba gastando una broma a Lu por el petate que llevaba, Jin Xiu defendió a Lu con cariño y admiración, lo cual le pareció muy tierno a la amiga y se burló de ellos bromeando: "pero mira qué parejita más unida, aún no están casados y ya se defienden uno al otro..." [4]

El encuentro de los dos jóvenes durante la estancia de Lu en el equipo de renovación también constituye una escena muy novedosa que nunca ha aparecida en las películas tipo. Dicho encuentro se produjo en un ambiente romántico, acompañado por una música alegre, aunque las conversaciones que tuvieron eran sobre los objetivos políticos que tenían.

El tema del amor no solo ha dejado de ser tabú en esas películas, sino que se ha convertido en algo aceptado por el pueblo. Por ejemplo, cuando el equipo de renovación estaba trabajando conjuntamente, los amigos de Lu Zhiyun y las amigas de Jin Xiu sabían que los dos jóvenes se echaban de menos, de modo que crearon la oportunidad para que pudiera reunirse la pareja en un sitio tranquilo sin que nadie les molestara. Las risas y bromas de los compañeros representan la mayor aceptación a esta relación.

(Figuras 26 y 27: La amiga burlándose de la pareja joven y el encuentro de la pareja en la película 《风雨里程》 "Un camino tormentoso")

El rechazo del matrimonio de conveniencia y la búsqueda del amor verdadero han sido otro tema de romance muy frecuente en estas películas. En 《于无声处》 "En el silencio", el conspirador

---

He Shifei quería que su hija He Xiaoyun se casara con Tang Youcai, quien era cómplice de la "Banda de los cuatro" y tendría una carrera brillante en la política. Sin embargo, para He Xiaoyun, la única persona con la que quería pasar el resto de su vida era un chico que conocía desde su infancia, Ou Yangping, cuya madre fue perseguida durante la revolución por las manipulaciones de He Shifei, y se vieron obligados a separarse durante muchos años. Al encontrarse de nuevo con el chico y enterarse que todo el sufrimiento que habían pasado este joven y su madre era por culpa de su propio padre, He Xiaoyun entró en conflicto con éste, defendiendo firmemente a su amado y su creencia revolucionaria. Al final He Xiaoyun se fue de casa junto con Ou Yangping en un ambiente solemne y triste para seguir su objetivo revolucionario.

Lo mismo pasa en la película 《生活的颤音》 "El temblor de la vida", en la cual la madre de la joven Xu Shanshan quería que se casara con el cómplice de la "Banda de los cuatro", Wei Li, por el poder político que tenía. Wei Li estaba enamorado de Xu Shanshan, por lo que hizo muchos esfuerzos para complacer al padre de ella, haciéndole regalos y cumplidos, sin embargo, no logró convencer al padre. Los padres de Xu Shanshan se opusieron porque la madre apoyaba a Wei Li y creía que sin la ayuda de él no habrían tenido las condiciones de vida tan buenas; al contrario, el padre defendía al violinista Zheng Changhe por su creencia socialista. A pesar de la oposición por parte de la madre, Xu Shanshan decidió apoyar al joven violinista en su fe revolucionaria, aunque finalmente no pudieron terminar juntos por motivos políticos.

Es obvio que el tema del amor ha dejado de ser tabú en estas películas, sin embargo, no hay que ignorar el hecho de que sigue siendo muy condicionado por la política, lo cual se manifiesta en los siguientes ámbitos: en primer lugar, las comunicaciones que tienen la pareja siempre se producen en torno a temas políticos; en segundo lugar, el matrimonio de conveniencia que rechazan las jóvenes representa la posición política errónea que suele estar relacionada con la "Banda de los cuatro" y sus cómplices, de modo que las jóvenes siempre optan por buscar su amor verdadero que simboliza la justicia y la fe revolucionaria firme; en tercer lugar, aunque la pareja está muy enamorada, no puede terminar juntos, y la única salida consiste en convertir ese amor sin futuro en la creencia revolucionaria y seguir luchando, lo cual no es difícil de comprender, puesto que el país estaba en plena destrucción por el daño que había hecho la revolución y el fallecimiento de los dos líderes. En cierto sentido, el amor trágico constituye un reflejo del dolor y la confusión que sentía el pueblo en aquella época.

1.4. La intensificación de las luchas políticas

1.4.1. *La caída de la "Banda de los cuatro" como final de la película*

Como lo que hemos comentado anteriormente, aunque la derrota de la "Banda de los cuatro" supuso el fin de la RCC, la ideología revolucionaria seguía profundamente arraigada en el corazón del pueblo chino. Como mostraban las directrices de "los dos lo que sea" , no se cuestionaban ni el liderazgo del ídolo político, ni la propia revolución. Sin embargo, las consecuencias que había dejado ese movimiento las tendría que asumir alguien, como consecuencia, la culpabilidad se cayó únicamente en la "Banda de los cuatro" , lo cual fue considerado en aquel momento una respuesta aceptable para todos los daños y sufrimientos que había causado la revolución. Por lo tanto, en las películas que se hicieron durante estos tres años, los opositores siempre son la "Banda de los cuatro" y sus cómplices, quienes conspiran para obtener el mayor poder del partido, tienden trampas a los veteranos del partido y a los intelectuales, y hacen cualquier cosa para estropear la continuación de dicho movimiento.

El final de estas películas siempre consiste en la caída de dicha banda, y con la noticia de su derrota, la lucha entre la justicia y la maldad también llega a su fin. Los cómplices de la banda pierden su respaldo y fracasan en sus conspiraciones, con todas sus intrigas reveladas, mientras todo el pueblo está contento con su derrota y decide llevar a cabo la revolución como lo que indicaba el líder supremo en su última voluntad.

Este final de las películas revela el conocimiento parcial y superficial que tenía el pueblo sobre dicho movimiento en aquel entonces. Necesitaban una respuesta para todos las consecuencias negativas que había causado la RCC, sin embargo, esa respuesta que encontraron tampoco llegó a convencer completamente a los espectadores.

1.4.2. *La violencia y la muerte como temas comunes*

Estas películas, debido a que se centran más en la lucha de poderes y en el fallecimiento del presidente y del primer ministro, adquieren un tono mucho más sombrío y lúgubre en comparación con las películas tipo, el cual también se manifiesta mediante las escenas de conflictos y violencia que constituyen una declaración de los sufrimientos que había causado la revolución. El odio del pueblo a la "Banda de los cuatro" se traduce en el papel que se asigna a dicho grupo de personas: en las películas, este grupo y sus aliados se dedican a provocar conflictos y tender trampas para calumniar a los revolucionarios. Al ver que sus conspiraciones no funcionan, optan por planificar accidentes para asesinar a sus rivales.

En la película 《十月的风云》 "Tormenta en octubre", el cómplice de la banda planeó un accidente de coche para matar al hijo del veterano He Fan, el cual sobrevivió por un golpe de suerte, sin embargo, murió el hijo de su compañero Xu Jian; en la película 《风雨里程》 "Un camino tormentoso", bajo la indicación del traidor Yao Xingbang, los seguidores de la banda planificaron un accidente para que chocaran dos trenes, lo cual fue impedido por el valiente veterano Lu Yunzhi. Enojados por el fracaso, los conspiradores secuestraron a Lu, cuyos compañeros tuvieron una pelea muy intensa para lograr salvarlo; en 《严峻的历程》 "Un curso severo", el cómplice de la banda Cheng Shaojie pretendió sabotear las máquinas para que no se pudiera poner en marcha el equipo de locomotoras, con el intento fracasado, se puso a planear una explosión masiva para alterar el tráfico del norte al sur. Al enterarse de este plan su mujer, los dos entraron en un conflicto violento. Cheng Shaojie pegó con violencia a su esposa y la encerró en casa. Al final, para impedir que se produjera el accidente, sacrificó la vida de la hermana del conspirador.

Dichas escenas de violencia y muerte no se ven en las películas tipo, puesto que la función principal de éstas consiste en la propaganda de la imagen positiva de la revolución. De hecho, los conflictos entre los revolucionarios y los opositores en las películas tipo son mucho más suaves, y sirven más bien como un recurso para realzar las cualidades de los héroes.

1.5. La represión y la confusión que siente la generación joven por la situación política

En comparación con los jóvenes que tienen una fe revolucionaria firme en las películas tipo, la represión y la confusión que siente la generación joven por la situación política es un fenómeno muy llamativo en las películas hechas durante los siguientes tres años, sobre todo en《于无声处》 "En el silencio" y《生活的颤音》 "El temblor de la vida".

En la película 《于无声处》 "En el silencio", He Dawei, cuyo padre es aliado de la "Banda de los cuatro", declaró que le habían confundido muchísimo las luchas de vías durante los últimos años. Criticó que la política de aquel entonces no dejaba a la gente expresar libremente sus opiniones, y se burló de los políticos que eran iguales que los dictadores de las dinastías antiguas, quienes eran expertos en cometer errores judiciales. Había trabajado muy duro para contribuir al desarrollo del país, sin embargo, fue calumniado como seguidor de la vía capitalista y que todo el trabajo duro que había hecho era para conseguir fama y dinero. Sintiéndose herido por dichos comentarios, decidió dejar de esforzarse por el trabajo, ignorando lo que decían los demás, porque no veía salida ni para él ni para el país.

En la película 《生活的颤音》 "El temblor de la vida", la joven intelectual Xu Shanshan también expresó la confusión y la represión que sentía cuando estaba paseando con el violinista Zheng Changhe. Xu Shanshan dijo que estaban viviendo en una época en la que no se podía expresar lo que uno sentía de verdad, y Zheng Changhe le contestó que esa sensación también la tenía cuando recién falleció el primero ministro, sin embargo, la añoranza de los ciudadanos al ministro le hizo ver la esperanza que venía del propio pueblo chino.

La confusión que sentía la generación joven, sobre todo los intelectuales, se debe en gran medida al fallecimiento del presidente y del primer ministro, quienes eran el liderazgo y el faro para todo el pueblo. Los jóvenes sentían dolor por la pérdida de las dos figuras más importantes del país, pero no tenían la libertad de expresar sus sentimientos, puesto que la "Banda de los cuatro" y sus cómplices se aprovecharon de la muerte de estos dos líderes y reprimieron a las personas que expresaban las condolencias por ellos. Dicha represión, más el daño que había dejado la RCC y un futuro indeciso, hacían que no encontraran salida para el país, ni esperanza para ellos mismos.

2. Elementos semejantes:

2.1. La estructura narrativa

En comparación con las películas tipo, ha habido un cambio destacable en cuanto a los cuatro elementos esenciales del relato, es decir, los actantes, las acciones, el tiempo y el espacio. En primer lugar, las películas tipo se sitúan en el pleno proceso de la RCC y en los campos de China, mientras que las películas rodadas en los siguientes tres años se centran en el período anterior al desenlace del mismo movimiento, es decir, antes de la caída de la "Banda de los cuatro", y se ubican tanto en las zonas rurales como en las zonas urbanas. También se ha producido una evolución de los personajes, como se ha comentado anteriormente. Con la tabla de abajo se puede observar de forma más clara dicha modificación.

Función / Época	Héroe	Opositor	Manipulado	Ayudante del héroe
Películas tipo	Revolucionario proletario y seguidor del líder supremo, desempeña un papel positivo que pertenece al lado de la justicia.	seguidor de la vía capitalista e intenta sabotear la revolución, desempeña un papel negativo que pertenece al lado malicioso.	Desempeña un papel indeciso, no tiene una creencia revolucionaria firme, y suele caer en la trampa del opositor	Desempeña un papel como ayudante al héroe, cumple su función principal de promover el desarrollo de la revolución y educar a las personas que siguen en la vía errónea mediante las historias miserables del pasado sobre la lucha entre la gente pobre y los terratenientes, etc.
Películas hechas durante los siguientes tres años	Veteranos del partido o intelectuales, desempeñan un papel positivo que pertenece al lado de la justicia.	Cómplices de la "Banda de los cuatro" que intentan conseguir el poder máximo del partido, desempeñan un papel negativo que pertenece al lado malicioso	Desempeña un papel indeciso, le cuesta descubrir la verdadera cara de la "Banda de los cuatro" y suele ser manipulado fácilmente por los cómplices de la banda.	Desempeña un papel como ayudante al héroe, cumple su función principal de educar a las personas indecisas contando las historias pasadas sobre la lucha contra los capitalistas, los delitos que comenten la "Banda de los cuatro", etc.

(Tabla 2 Fuente: Elaboración propia)

La estructura narrativa de estas películas no varía mucho de las que tienen las películas tipo, puesto que los filmes de ambas épocas contienen un modelo estándar muy parecido para contar las historias, el cual, en el primer grupo de películas, se manifiesta en la lucha política entre los revolucionarios y los seguidores de la vía capitalista, y en el segundo grupo se centra en la lucha de poderes entre los veteranos del partido o los intelectuales y los cómplices de la "Banda de los cuatro". Ambos grupos de largometrajes constituyen productos políticos y cumplen la función principal de transmitir la ideología de una época histórica determinada.

La estructura es la misma y lo que cambia es el concepto de heroísmo o maldad respecto a los nuevos valores derivados del contexto político real. Las estructuras narrativas son esquemas que se rellenan con los valores sociales y políticos cambiantes en cada situación. La narración tiene su lógica propia; lo que cambia es el sentido a través de los valores que se encarnan en cada uno de los actantes y el valor político de sus acciones.

2.2. La imagen femenina positiva

La imagen femenina en las películas tipo se puede resumir en las siguientes características: 1) suelen tener unos rasgos faciales muy similares, por ejemplo, ojos grandes, cejas densas, con expresiones firmes, etc.; 2) suelen tener nombres masculinos; 3) la mayoría de estas mujeres revolucionarias cuentan con mucha educación y suelen ocupar cargos políticos importantes en la estructura organizativa de la RCC; 4) abandonan completamente las virtudes tradicionales chinas, y se atreven a enfrentarse a todo el mundo para demostrar su fe revolucionaria, etc. Igual que en las películas tipo, en las películas que se rodaron en los años posteriores también se percibe una imagen muy positiva de las mujeres.

En primer lugar, siguen siendo mujeres que han recibido mucha educación, sobre todo cuando se trata de las intelectuales, quienes ocupan puestos de trabajo en todos los sectores. Por ejemplo, en la película 《严峻的历程》 "Un curso severo", la joven Cheng Xiaoyue trabaja en el equipo de locomotoras y se encarga de conducir los trenes; en 《于无声处》 "En el silencio", la joven revolucionaria He Xiaoyun, hija del cómplice de la banda, es una empleada de la comisaría local; y la intelectual Xu Shanshan en la película 《生活的颤音》 "El temblor de la vida" es una experta en la música y en el arte.

En segundo lugar, siguen desempeñando un papel de suma

importancia en la vida política, incluso superando a los hombres, y en muchas ocasiones, son las mujeres quienes tienen una fe revolucionaria más firme que dan un respaldo sólido a su marido en la lucha, impidiendo a los malvados que realicen sus conspiraciones. En la película 《十月的风云》 "Tormenta en octubre", la esposa y la hija del veterano He Fan le dieron un apoyo incondicional cuando se vio obligado de dejar su puesto de trabajo por la manipulación de los conspiradores; en 《风雨里程》 "Un camino tormentoso", cuando el equipo de renovación estaba realizando su trabajo, y había que sumergirse en el agua para examinar los aparatos, varios hombres se negaron a hacerlo, y fue la joven Tong Hua quien se ofreció a llevar a cabo dicha tarea. En 《严峻的历程》 "Un curso severo", la esposa de Cheng Shaojie tuvo un conflicto intenso con él al enterarse de las intrigas que estaba planeando junto con la "Banda de los cuatro", y su hija, una niña de unos siete u ocho años, ayudó a enviar la carta que contenía el mensaje esencial para impedir el plan malvado, y al final fue la prima de Cheng Shaojie la que sacrificó la vida para salvar los trenes. Se trata de una imagen femenina que cubre una gran franja de edades y de profesiones, que sin duda alguna constituye un recurso muy eficaz para la propaganda política.

(Figuras 28 y 29: Las jóvenes del equipo de renovación en la película 《风雨里程》 "Un camino tormentoso")

A pesar de las características similares que presentan las mujeres en las películas de esas dos épocas, se pueden observar unas pequeñas modificaciones en el segundo grupo de películas en las que las mujeres, en vez de ser puras máquinas revolucionarias, adquieren una imagen más real y humana. Por ejemplo, ya no siguen un modelo estándar para buscar actrices que tengan el mismo tipo de rasgos faciales, y los nombres que se les asignan se han vuelto femeninos. Además de una fe revolucionaria firme y una posición política sólida, también gozan de sentimientos humanos, ya que se preocupan por sus familiares, odian a la "Banda de los cuatro" , y son capaces de expresar los sentimientos como el amor y la tristeza.

En conclusión, se puede decir que la imagen femenina en las películas hechas durante los siguientes tres años después de que terminó el movimiento mencionado han heredado muchas características de la imagen femenina que se presenta en las películas tipo, pero también ha experimentado algunas evoluciones que la hacen más completa y real, aunque su función básica sigue siendo la propaganda política.

2.3. Las características del lenguaje cinematográfico

2.3.1. *El uso de determinados planos y ángulos para destacar a los personajes*

El lenguaje cinematográfico que se utiliza en las películas filmadas en estos tres años es muy parecido al que se emplea en las películas tipo, puesto que también se aplica "el principio de los tres factores destacados" con el objetivo de destacar entre todos los personajes a los personajes con papel positivo; entre los personajes con papel positivo a los héroes; y entre los héroes al personaje nuclear, por lo tanto, también se observa un uso muy frecuente del primer plano para describir a los protagonistas. Cabe mencionar el lenguaje cinematográfico que se emplea en el segundo grupo de películas para destacar el contraste entre los héroes (los veteranos del partido o los intelectuales) y los opositores (la "Banda de los cuatro" y sus cómplices). A este último grupo de personajes se les suele asignar una imagen caricaturesca y ridiculizada que cuenta con una serie de comportamientos y expresiones caracterizados, tales como tener una vivienda moderna y lujosa, comer y beber opíparamente con los cómplices, tomar café (símbolo de seguir la vía capitalista), fumar, dar vueltas furioso y exasperado, etc., junto con el empleo de la luz y la sombra, con los que se consigue el efecto de desacreditar a los opositores y realzar a los héroes.

Por ejemplo, en la película 《十月的风云》 "Tormenta en octubre" hay una escena en la que el veterano He Fan visitó al cómplice de la "Banda de los cuatro" Ma Chong para pedirle los documentos legítimos que daban permiso para la producción de las piezas de ametralladoras. Durante toda la conversación, He Fang, siendo el visitante, se situaba en el centro de la imagen, mientras que el dueño de la casa, Ma Chong, no paraba de dar vueltas en la habitación. He Fang se encontraba en una zona luminosa, y Ma Chong en una zona con luz oscura, lo cual constituye el típico uso de la luz para contrastar entre los héroes y sus enemigos. Después que se fuera He Fan, Ma Chong abrió los primeros botones de su chaqueta y empezó a dar vueltas furioso y exasperado: un comportamiento típico de los malvados, que proviene de su inquietud por el sentido de culpabilidad o por sus sentimientos negativos. El héroe, por el contrario, vive en un estado de mayor armonía o paz interior, la de saberse en el lado positivo o correcto, justo, de la historia.

(Figuras 30 y 31: Escenas de He Fan y Ma Chong en 《十月的风云》 "Tormenta en octubre")

El manejo de los ángulos cinematográficos también puede reflejar la cualidad de los personajes. En la misma película, cuando Ma Zhong y la periodista Zhang Lin (corresponsal especial de la "Banda de los cuatro") estaban celebrando sus conspiraciones en casa, la escena fue filmada detrás de los personajes, mostrando a los espectadores su espalda, lo cual da una sensación de que estaban planificando algo malvado a escondidas. Cuando la lucha llegó a su apogeo, Ma Chong y Zhang Lin ordenaron arrestar a las "masas revolucionarias" , y se aprecia la típica ubicación de los héroes y los opositores en una escena, es decir, los primeros en el centro de la imagen, con el frente de su cuerpo apuntando a la cámara, mientras que los malvados se sitúan en la periferia de la escena, incluso se parecen a los guardaespaldas de los héroes.

(Figuras 32 y 33: Escenas de 《十月的风云》 "Tormenta en octubre")

2.3.2. *El uso del plano general para el tiempo atmosférico*

Igual que en las películas tipo, el tiempo atmosférico sigue teniendo un sentido simbólico en las películas que se rodaron en estos tres años. El viento impetuoso representa la lucha intensa entre los héroes y los malvados; los relámpagos y los truenos significan el peligro al que se enfrentan los revolucionarios; las lluvias y tormentas simbolizan las dificultades que se encuentran al realizar los trabajos; el cielo nublado y el oleaje impetuoso expresan el dolor y la tristeza que siente el pueblo por la muerte de los líderes políticos, y la derrota de la "Banda de los cuatro" suele estar acompañada por un relámpago, etc.

(Figura 34: El viento impetuoso que mueve los árboles simboliza el apogeo de la lucha entre el veterano del partido y los cómplices de la"Banda de los cuatro"en la película《十月的风云》"Tormenta en octubre")

(Figura 35: Las lluvias y tormentas significan las dificultades que va a afrontar el equipo de renovación de carreteras en la película《风雨里程》"Un camino tormentoso")

(Figura 36: El cielo despejado representa el éxito que ha logrado el equipo de renovación en su trabajo en la película《风雨里程》"Un camino tormentoso")

(Figura 37: El fuerte oleaje representa el dolor que siente el pueblo por los fallecimientos de los líderes, en la película《严峻的历程》"Un curso severo")

(Figura 38: El oleaje impetuoso que indica los conflictos violentos entre el cómplice de la banda, He Shifei, y su hija en la película《于无声处》"En el silencio")

Capítulo III: Las películas chinas de la segunda etapa (II)

Las películas hechas entre los años 1977 y 1979 se pueden considerar una continuación de las películas tipo. Esos dos grupos de largometrajes aplican la misma estructura narrativa: interpretan la vida del pueblo a través de las clases (la clase obrera y la clase capitalista), es decir, todos los problemas que se generan en la vida cotidiana y en el trabajo se revuelven en el marco de la lucha de clases. Por ejemplo, los típicos comportamientos para obtener beneficios privados son clasificados como producciones en pequeña escala, las cuales hacen daño a la economía colectiva planificada que sostiene la revolución, de modo que pertenecen a las actividades capitalistas que deben ser eliminadas rigurosamente. En fin, lo que hacen estas películas es introducir un comportamiento individual que consiste en ganar dinero extra en el marco de la lucha de clases, disfrazándolo con intrigas y conspiraciones para que sea el origen de un conflicto intenso.

Dichas películas resumen una catástrofe de diez años en una simple lucha de vías, lo cual no cuadra con las circunstancias reales, ni es capaz de explicar los sufrimientos que ha experimentado la gente inocente, tampoco puede dar una explicación razonable al hecho de cómo puede ser manipulado un disturbio que involucra cien millones de personas por un grupo minoritario malvado durante más de diez años.

Los espectadores se sienten insatisfechos por esas producciones cinematográficas. ¿Acaso un grupo minoritario de malvados, piensan, es capaz de crear todas esas conspiraciones y esta catástrofe? Son matones al fin y al cabo..., preguntan algunos. Dicha duda no se genera debido a que los malvados no tengan una jerarquía social alta, señala el crítico Tian,

> *Desde el comité de la provincia hasta los ministerios, incluso la"Banda de los cuatro"han sido puestos en la picota. La jerarquía ha llegado al máximo, ¿y el resultado? Los espectadores siguen estando insatisfechos, criticando que las películas no tienen un sentido profundo y no son reales. ¿De dónde vienen esos comentarios negativos? La respuesta reside en que lo que cuentan las películas no llega a representar los sufrimientos que ha experimentado cada individuo del pueblo chino, tampoco puede explicar el origen, la naturaleza, el motivo y la consecuencia de una catástrofe que cuenta con contradicciones muy intrincadas, de modo que cualquier descripción que se reduce a un modelo simplificado y estándar hace que pierda su realidad y será difícil de ser aceptada por el pueblo.[5]*
> *(Tian, 1981)*

La crítica por parte de los espectadores a dichas películas refleja el choque entre la memoria individual y la memoria pública de la RCC, puesto que lo que se presenta en la pantalla es una memoria pública manipulada.

Después de la Tercera Sesión Plenaria del Undécimo Comité Central, que se celebró a finales de 1978, las directrices de "Los dos lo que sea" fueron debatidas, más tarde, la "Resolución sobre ciertos asuntos históricos del partido desde la fundación de la República Popular de China" que se aprobó en 1981 liberó en gran medida la mente de todo el pueblo chino, sobre todo en los círculos literarios y artísticos, y llevó la reflexión sobre la RCC a un nivel más profundo que se ve reflejado en el cine.

Han aumentado en gran cantidad las películas en los años 80, las cuales presentan características muy diferenciadas en comparación con las películas de las dos etapas anteriores. Por ejemplo, las películas en dicha época empiezan a ocuparse de temas más diversificados, en vez de dedicar la mayoría de la cinta a las luchas políticas. En otras palabras, la RCC ha pasado del tema principal a ser un fondo histórico. El pueblo ya no confía ciegamente en la

---

5 Traducción propia.

revolución, culpando a los capitalistas o a la "Banda de los cuatro", sino que empezó a cuestionar y a reflexionar sobre el propio movimiento, dándose cuenta de las consecuencias destructivas que ha dejado. En cuanto a los protagonistas, ya no son solamente los revolucionarios, sino también las personas comunes y corrientes, y se presta más atención a las experiencias individuales durante la revolución. El estilo narrativo también ha experimentado un gran cambio, abandonando "el principio de los tres factores destacados" con el que se crean los personajes heroicos.

La reflexión del acontecimiento poítico se percibe en muchos aspectos de dichas películas, por ejemplo, una gran parte de estos largometrajes se dedican a la reflexión sobre la deshumanización y la lucha cruel entre las personas. Las películas, tales como《巴山夜雨》"Lluvias nocturnas de Bashan",《枫》"El arce",《小街》"Calle estrecha",《许茂和他的女儿们》"Xu Mao y sus hijas",《如意》"Lo que desees",《大桥下面》"Bajo el puente", etc., muestran la búsqueda de la humanidad y la recuperación de los sentimientos humanos.

En comparación con las películas tipo y las que se hicieron en los siguientes tres años, las películas que se rodaron entre 1980 y 1990 se destacan por los factores que explicamos a continuación.

1. El estilo narrativo

1.1. La estructura de la historia

Entre los cambios más llamativos que han experimentado las películas de la época de reflexión, se encuentra el cambio de la estructura de la historia, puesto que ya no se empleaba una estructura simple del drama en la que se diseñan a propósito conflictos intensos entre los héroes y los malvados, sino que se puso de moda una estructura prosaica que dispone de argumentos notablemente menos densos, creando un ambiente lírico específico.

La película《巴山夜雨》"Lluvias nocturnas de Bashan",

que ganó el premio de "Los Golden Rooster" [6], en 1981 (año de inauguración de dicho premio) en el apartado de "El mejor largometraje" , constituye una típica película lírica de esa época. El comentario que realizó el jurado fue: "la concepción original y su estilo lírico han logrado crear un grupo de personajes que cuentan con personalidad viva, y han mostrado el espíritu hermoso que tiene nuestro pueblo en un determinado período histórico" [7].

El director Ye Nan recibió diversas sugerencias después del estreno de dicha película, tales como: 1) cuando la abuela estaba contando la muerte de su hijo, se podría introducir una serie de escenas de conflictos y peleas para reflejar la locura y la crueldad que existían en aquella época, con el fin de producir un efecto más impactante; 2) en la escena en que la joven guardia roja Liu Wenying estaba teniendo una lucha interna entre liberar al protagonista o no, se podría interponer escenas de las actividades destructivas que realizaban los Guardias Rojos, haciendo un contraste vivo con los sufrimientos que habían experimentado la abuela, el protagonista Qiu Shi y otros personajes inocentes. Sin embargo, el director rechazó dichas sugerencias, sosteniendo que la película debería tener un tono unitario, simple y elegante, y dichas escenas violentes podrían estropear ese tono.

> *En aquella época de locura, son muy diversas las luchas que se produjeron en diferentes zonas, lo cual hace que las experiencias personales varíen mucho, de modo que una vez aparecidas las escenas concretas, la imaginación de los espectadores se verá obligada a desaparecer, y la posibilidad de crear un mundo inmenso se reducirá en una serie de escenas limitadas, lo cual no me parece un método inteligente. (Tian, 1981)*

---

6   Los Golden Rooster son premios que se entregan en honor al éxito que se obtiene en el ámbito cinematográfico en la China continental desde el año 1981.

7   "Comentarios sobre cada premio por parte del comité de selección en la primera celebración de los Golden Rooster", incluido en la "Colección de premios de los Golden Rooster de China (1º - 1981)"(1983, p. 6.) elaborada por la Asociación de cineastas chinos. Beijing: Editorial de cine chino.

La narrativa sobre la RCC mediante un ambiente lírico y escenas insinuantes se convirtió en aquella época en una corriente muy popular de las películas que tratan sobre dicho movimiento, tales como las películas 《小街》 "Calle estrecha", 《如意》 "Lo que desees", 《大桥下面》 "Bajo el puente", 《张家少奶奶》 "Su forma de vivir", 《村路带我回家》 "El camino me lleva a casa", etc.

Dichas películas de estilo lírico suelen tener un confortable desenlace para los personajes que han sufrido persecuciones o injusticias durante el movimiento político y para la historia de amor, que experimenta muchos obstáculos causados por dicho movimiento. El buen final sirve como una recompensa de todos los sufrimientos que ayuda a curar la herida psicológica y restablecer la fe en el socialismo.

1.2 El uso de la narración retrospectiva y la narración intercalada

La narración fragmentada, en concreto, la narración retrospectiva y la narración intercalada, se ha puesto muy de moda en las películas hechas en la época de reflexión, lo cual ha roto por completo el estilo narrativo monótono de los largometrajes de las épocas anteriores y ha aumentado el efecto estético de dichas películas. El uso de la narración retrospectiva (escena retrospectiva) que encontramos en las películas de nuestro corpus consiste en el traslado del desenlace o de una escena esencial al principio de la película.

Por ejemplo, en 《枫》 "El arce", al inicio de la película se presentan las escenas en las que los dos protagonistas, ambos de los Guardias Rojos, quienes estaban enamorados se vieron obligados a oponerse por sus posiciones políticas diferentes, estaban intentando convencer el uno al otro que se rindiera ante la lucha violenta. Al ver el intento fracasado, la joven Lu Danfeng se tiró desde el edificio, dejando a su joven amado destrozado por dentro, quien no paraba de gritar al cielo con el cadáver de su pareja en los brazos, "¿por qué los enamorados se convirtieron en enemigos?" La narración posterior de la historia nos dio respuesta a esa pregunta que hizo el joven guardia rojo.

La película 《小街》 "Calle estrecha" empieza con la escena en la que un hombre ciego de mediana edad visitó al director Xia para contarle su intención de escribir un guion. El director le pidió que especificara las ideas de forma más detallada, y el hombre comenzó a contar una historia pasada en la que estaban involucrados él y una chica joven, cuya madre fue perseguida durante la Revolución.

Al principio de la película 《我们的田野》 "Nuestro campo", uno de los protagonistas, Xi Nan, al graduarse de la universidad, se encontró con Qu Lin, quien fue su compañero cuando participaban en el movimiento "subir a las montañas y descender a los pueblos". Xi Nan quería volver al pueblo donde guardaba la memoria de su juventud, pero Qu Lin estaba en contra de eso. De ahí empezó la historia de los cinco jóvenes en el gran desierto del norte de China, donde experimentaban alegría, tristeza, desesperación y esperanza.

《小巷名流》 "Gente famosa del callejón" empieza con la novela que tiene el mismo título que la película, la cual fue escrita por Sima Shouxian, representante actual del pueblo del condado, y vendedor de pareados elegíacos y coronas mortuorias durante la revolución. El redactor Gao Feng le visitó para aconsejarle que hiciera unas modificaciones sobre la novela, y el escritor se sumió en honda meditación sobre la historia que había pasado en el callejón donde vivía él y los otros vecinos...

El uso de la narración retrospectiva en dichas películas cumple varias funciones. En primer lugar, como lo que hemos mencionado anteriormente, en comparación con la temporalidad lineal inmutable que se emplea en las películas tipo, la aparición de la escena retrospectiva ha hecho que la estructura de la película sea más variada, evitando la monotonía; en segundo lugar, también añade la carga de tensión o intriga a los filmes, creando suspenses que cautivan la atención del público. Al ver las primeras escenas de las películas, los espectadores no podrán contenerse para expresar sus dudas: ¿por qué Lu Danfeng tuvo que suicidarse?; ¿por qué el protagonista estaba ciego?; ¿por qué el joven quería volver al pueblo después de terminar los estudios universitarios?... Nada que ver con las películas tipo que siempre ofrecen al público una historia que al ver el principio se prevé el final.

La narración intercalada es otro recurso muy utilizado en dichas películas, tales como 《琴童》 "El pequeño violinista", 《枫》 "El arce", 《小街》 "Calle estrecha", 《勿忘我》 "No te olvides de mí", 《大桥下面》 "Bajo el puente", 《天云山传奇》 "La leyenda de Tianyunshan", etc. La mayoría de las escenas intercaladas consisten en la persecución que sufrían algunos personajes durante la RCC, con el fin de exponer de forma directa la violencia y la crueldad que conlleva dicho movimiento, así como el daño físico y psicológico que le causa a la gente inocente. El uso de esta estructura narrativa en dichos relatos cinematográficos cumple la función de complementar los nudos, dando explicación al apuro en que se encuentran los protagonistas u otras personas relacionadas con ellos, además de relevar la parte oscura de dicho movimiento.

Por ejemplo, en la película 《琴童》 "El pequeño violinista", se intercala la escena de la persecución que experimentaba el padre del pequeño violinista por haber tocado unas piezas musicales occidentales; como consecuencia, fue criticado y maltratado físicamente por un compañero suyo que siempre le tenía envidia, hasta que murió humillado. Años después, su hijo se apuntó a un concurso musical, y como el encargado de verificar los documentos de inscripción fue ese compañero que mató al padre del pequeño violinista, no dejó al niño participar en el concurso.

En la película 《小街》 "Calle estrecha", se inserta la escena en la que la chica Yu le contó al joven Xia el motivo por el que siempre se disfrazaba de hombre: la madre de Yu era profesora de música, y durante la revolución fue catalogada como las "siete clases negras" (los terratenientes, los campesinos ricos, los contrarrevolucionarios, los malvados, los derechistas, los capitalistas y la pandilla reaccionaria). Yu tampoco pudo escaparse de la desgracia, y le acusaron por no mantener distancia con su madre, razón por la que le cortaron el pelo contra su voluntad, le escupieron en la cara y le tiraron piedras. Por lo tanto se vestía de hombre para que nadie la reconociera, y así pudo protegerla a ella misma y a su madre.

Se trata de un gran avance el abandono del estilo narrativo dramático invariable que aplican las películas tipo. El uso de la narración retrospectiva y la narración intercalada en las películas de la época de reflexión cumple la función de promover el desarrollo de la historia, complementar el argumento principal, resaltar el carácter de los personajes, etc. Sin embargo, también son obvias sus limitaciones. Por ejemplo, tanto el uso de la escena retrospectiva como el de la narración intercalada siguen el mismo modelo en todos los filmes, es decir, al ver que dicha técnica funcionaba en una o dos películas, empezaron a aplicarla en todos los largometrajes, sin intentar buscar mejoras ni renovaciones para variar un poco, lo cual provocaría el aburrimiento de los espectadores a largo plazo.

Por otro lado, tal vez por seguir la moda de dicha técnica, el uso de la escena retrospectiva en algunas películas resulta un poco forzado, puesto que el traslado de ciertas escenas al principio de la película no tiene mucho sentido. Por ejemplo, en las primeras escenas de 《甜女》 "La chica dulce" , una mujer joven estaba corriendo en el bosque buscando a alguien. A través de lo que cuenta la voz superpuesta, nos enteramos de que la persona que estaba buscando era su marido, quien quería divorciarse con ella. Posteriormente, la voz superpuesta introdujo la historia de cómo se conocieron, por qué querían divorciarse y el desenlace. En realidad, el uso de la escena retrospectiva aquí no encaja muy bien con el tono general de esta película, y resulta demasiado deliberado.

1.3. La combinación del realismo con las escenas implícitas

En un simposio titulado "El divorcio de las películas con el drama (la ópera revolucionaria)" que tuvo lugar el año 1980, se señaló:

La base de las cintas cinematográficas también es la creación literaria, sin embargo, el factor clave de las películas es la fotografía, mientras que la actuación se encuentra en la segunda posición, luego vienen la música, la pintura, el baile, la arquitectura, etc. A esta estructura en la que la fotografía se sitúa en la posición nuclear la denominamos la estructura centralizada en la cámara, la cual determina la cualidad de las películas".[8] (Zhang, 1987: 190)

A diferencia de las películas tipo y las que se rodaron durante los años 1977 y 1979, las cuales siguen el mismo modelo de las óperas revolucionarias inventadas por la mujer del presidente anterior, las cintas cinematográficas que se filmaron en la década 80 logran divorciarse de dicho modelo, dando más importancia a la fotografía, creando un estilo que combina el realismo con el que se describe la vida cotidiana de la gente común y corriente, y las escenas implícitas que reflejan los sentimientos subjetivos de los personajes.

Por ejemplo, en la película 《小街》 "Calle estrecha" , el joven Xia robó una trenza falsa que era parte de la utilería de una ópera revolucionaria, con el objetivo de cumplir el deseo de la joven Yu, quien se disfrazaba de chico para evitar la persecución, y quería volver a tener el pelo largo. Aunque Xia había dejado dinero en la mesa donde estaba la trenza, por lo que realmente no se trataba de un robo, fue descubierto enseguida por los actores de la ópera. Cuando ellos perseguían a Xia, aparecen una serie de escenas entrelazadas de las fieras encerradas en la jaula, Xia recibiendo golpes y maltratos, y los maltratadores crueles, es decir, los actores de la ópera revolucionaria. Dichas escenas, llenas de sentimientos

---

8   Traducción propia.

subjetivos del director y también de los espectadores, implican el ambiente social que había provocado la RCC en el que el ser humano se había animalizado, perdiendo totalmente la simpatía y la piedad, ya que por el hecho de robar una utilería, eran capaces de humillar y maltratar a un ser humano hasta dejarlo ciego y medio muerto.

La protagonista Qiao Yeye en la película 《村路带我回家》 "El camino me lleva a casa" era una joven inocente y bondadosa. Tenía una actitud de vida bastante floja y despreocupada, y no le gustaba expresar sus sentimientos, ni competir con los demás. Cuando le tocaba tomar decisiones importantes, solía obedecer las opiniones de los demás en vez de tener su propio criterio, por lo que el tono apacible y realista de la película, sin tratar la violencia y la crueldad de la revolución, se encaja muy bien con el carácter del personaje, y hace que todo el largometraje parezca una pieza conjunta sin rupturas.

En esta película también encontramos escenas implícitas que reflejan el cambio del estado de la vida y de los sentimientos de la protagonista mediante el cambio del entorno en que se encuentra el personaje. Hablando del entorno, nos referimos a la casa del campesino Pan Yu, esposo de Qiao Yeye. En las diferentes etapas de la vida de Qiao Yeye, esta vivienda sufre los cambios correspondientes. Por ejemplo, cuando estaban recién casados los dos jóvenes, la casa era un hogar limpio y dulce. La luz suave y romántica refleja la felicidad que sentía la protagonista, quien estaba sentada en la cama calentita comiendo cacahuetes, mientras que su esposo le quitaba las migas que quedaban en su cara.

Murió el esposo por enfermedad, y en la cama solo quedaba una manta doblada, creando un ambiente solitario y vacío. Song Kan, otro joven que quería mucho a Qiao Yeye cuando eran compañeros durante el movimiento de "subir a las montañas y descender a los pueblos", fue a visitarla al terminar los estudios universitarios después de que terminó la catástrofe política, y vio a Qiao Yeye sentada en el umbral de la casa que ya se encontraba vieja y desgastada. Qiao Yeye vio a Song Kan y se levantó de inmediato para servirle un té caliente. Ya no era la chica floja y despreocupada como antes, porque la vida la tenía desgastada, igual que a la vivienda.

Más tarde, fue la visitarla Jin Zhao, quien fue clasificado como parte de "las siete clases negras" durante la RCC, y recuperó la reputación después del movimiento, incluso se hizo rico haciendo negocios. También era pretendiente de Qiao Yeye, y siempre quería casarse con ella. La casa de la protagonista ya estaba casi arruinada, cubierta de telarañas. No pudiendo soportar la vida que llevaba Qiao Yeye, Jin Zhao arrancó el techo de su casa, poniendo fin a la miseria en la que se encontraba su amada, con el objetivo de darle una vida nueva.

El estilo realista no significa la prohibición del uso del simbolismo o la insinuación, de hecho, mediante los símbolos o determinados diseños de imágenes, se puede transmitir las informaciones de una manera más delicada, aumentando el nivel estético de las películas. Por ejemplo, en el inicio de la película 《张家少奶奶》 "Su forma de vivir", aparecen varias imágenes oblicuas de los edificios emblemáticos de Shanghái, lo cual implica que la historia sucede en una época caótica.

1.4. Los tonos diversificados

A partir de los años 80, empiezan a surgir por primera vez películas que versan sobre la RCC de tonos diversificados, lo cual supone un gran avance en cuanto al tono unitario que siguen las películas de las épocas anteriores, y también implica que la reflexión sobre la revolución ha entrado en una fase nueva en la que se percibe dicho movimiento desde más perspectivas.

El tono cómico constituye un término completamente nuevo hasta la aparición de las dos películas 《月亮湾的笑声》 "Risas en Yueliangwan" y 《小巷名流》 "Gente famosa del callejón" que cuentan la historia sobre la Revolución con humor negro.

La película《月亮湾的笑声》 "Risas en Yueliangwan" narra la vida de constantes altibajos de un campesino común y corriente durante los diez años caóticos. El protagonista se llama Jiang Maofu, quien era un campesino ingenuo y compasivo, y fue clasificado como seguidor de la vía capitalista por el hecho de tener buenas técnicas de cultivar los árboles de frutas y ganar más dinero que otros campesinos del pueblo, lo cual también le afectó al matrimonio de su hijo, puesto que ninguna familia quería juntarse con los "capitalistas" . Un día llegó un periodista al pueblo para hacer una entrevista a un campesino rico emblemático, por responder al llamado de criticar la teoría absurda de Lin Biao sobre "el país está rico pero el pueblo está pobre, y la época anterior era mejor" . Jiang Maofu fue elegido para la entrevista como el representante de los campesinos ricos. Le sacó una foto el periodista y la publicó en el periódico. De repente, Jiang Maofu se convirtió en el héroe del pueblo, incluso le invitaron a dar charlas a los pueblos vecinos. Poco tiempo después, llegó otra vez el mismo periodista al pueblo por responder el llamado de criticar a Deng y oponerse a la desviación derechista. Le sacó otra foto a Jiang Maofu como el advenedizo capitalista emblemático y la publicó otra vez en el mismo periódico. El pobre campesino se convirtió en el culpable y el enemigo de todo el pueblo de la noche a la mañana. Terminó la revolución, y llegó por tercera vez al pueblo el periodista, pero esta vez para pedir disculpas a Jiang Maofu por los errores que había cometido, culpando al cambio constante de las políticas.

El humor negro se percibe en los tres giros que sufrió Jiang Maofu en su vida, marcados por las tres visitas del periodista. En la primera foto que le sacó como el representante de los campesinos que se hicieron ricos a través de trabajar duro, Jiang Maofu salió como un típico capitalista, con una cara muy seria, un cigarro en la boca, y un traje nuevo. Con el fin de mostrar la riqueza que tenía, incluso pidió prestadas una radio y una máquina de coser. Al contrario, en la segunda foto que se destinaba a criticar a Jiang Maofu como el advenedizo capitalista, salió como un campesino recto y caritativo, sonriendo y repartiendo mandarinas a los vecinos. Al ver su segunda foto en el periódico, estaba muy contento diciendo que había salido mucho mejor que en la primera foto, porque no sabía leer y no tenía ni idea de la crítica que le habían hecho en el periódico. Al enterarse de la tercera visita del periodista, Jiang Maofu escondió a toda prisa el ganado que criaba, temiendo que le clasificara otra vez como seguidor de la vía capitalista. Y cuando el periodista le dijo que "pusiera los 120 corazones en el pecho" (expresión china que significa "tranquilo, no te preocupes"), Jiang Maofu le contestó: "solo tengo un corazón, y no es capaz de soportar otro cambio". Esa respuesta que causó muchas risas a los vecinos y al periodista revela la realidad ridícula de una sociedad manipulada por la política, en la cual un periódico sin principios es capaz de asignar diferentes identidades a un campesino inocente, solo por responder al llamado de las políticas cambiantes.

(Figuras 39 y 40: La primera y la segunda foto que le sacó el periodista a Jiang Maofu en la película 《月亮湾的笑声》 "Risas en Yueliangwan")

La película 《小巷名流》 "Gente famosa del callejón" cuenta la historia de tres personas que vivían en el mismo callejón, quienes no se conocían antes, sin embargo, fueron metidos en la "clase de aprendizaje" [9] durante la revolución por distintos "delitos".

Uno de ellos es Sima Xiangru, un intelectual un poco pedante de clase baja que vendía pareados elegíacos y coronas mortuorias. Le metieron en la "clase de aprendizaje" por ser descendiente de la clase terrateniente; la otra encerrada es Zhuo Chunjuan, quien fue esposa de un alto funcionario del partido enemigo, y se quedó viuda, trabajando de costurera. La acusaron de ser capitalista, pero el verdadero motivo de estar perseguida era por no querer casarse con el comandante He. El último era un matarife de perros leal y solitario, llamado Niu San. Fue encerrado por el abuso de alcohol y haber saboteado la manifestación de los Guardias Rojos.

Frente a los delitos que se les asignaron y las críticas, las tres personas mostraron actitudes muy diferentes. El intelectual, que era el personaje más cómico de la película, había desarrollado una serie de métodos que él mismo denominaba "las técnicas necesarias para sobrevivir en una sociedad caótica" . Uno de esos métodos consistía en admitir con buena voluntad en todas las ocasiones los delitos que se le asignaban. Por ejemplo, en la sesión de lucha se autocriticó, confesando sus deseos de que se produjeran más conflictos violentos y muertes para ganar más dinero vendiendo coronas mortuorias. Para educar a su hijo sobre cómo debería actuar de forma correcta en la revolución, fingió su muerte, y cuando su hijo estaba llorando pensando que había muerto de verdad, se levantó y le echó la bronca a su hijo, "¿pero cómo te atreves a llorar por mi muerte? ¡Tienes que insultarme con odio! ¡Así marcas la distancia con la clase terrateniente!" Su inteligencia también les ayudó a la costurera y al matarife a sobrevivir durante la estancia en la "clase de aprendizaje" , y se hicieron amigos los tres.

---

difundir ciertos conocimientos, normalmente sobre los pensamientos del entonces líder supremo. El objetivo de su realización consiste en mantener la pureza de la clase socialista y obtener la alianza de los veteranos, los nuevos cuadros y las masas mediante el aprendizaje y la autocrítica. Se convirtió posteriormente en sitios para encerrar a las personas que no cumplían las reglas de la RCC.

Las conversaciones humorísticas, juntos con las escenas de violencia acompañadas por una música alegre, convirtieron un movimiento social catastrófico en una farsa ridícula. Al final de la película, cuando Sima Xiangru terminó su guion que versaba sobre la historia que había pasado en el callejón en que vivía, el editor Gao le pidió que hiciera algunas modificaciones para mostrar el espíritu luchador del pueblo, lo cual le dificultó mucho al intelectual y también dejó en reflexión a los espectadores. ¿Lucharon de verdad? Lo único que hicieron era intentar sobrevivir por sus amigos y familiares. No eran conscientes ni capaces de luchar contra nadie.

El otro tono que también era muy nuevo para la época de los 80 es el tono pesimista, empleado en películas como 《枫》 "El arce". A diferencia de las otras películas que suelen disponer de un confortable final como recompensa de las heridas físicas y psicológicas que causa la RCC, esta cinta cinematográfica se dedica completamente a describir las partes oscuras de este movimiento, con un desenlace doloroso que hace reflexionar a los espectadores.

《枫》 "El arce" es la primera película que trata el tema sobre la lucha armada de la revolución. Lu Danfeng y Li Honggang, una pareja joven que estaban muy enamorados, optaron por participar en dos bandos opuestos por las diferentes posiciones políticas que tenían. Empezó la lucha armada como cualquier otra guerra, sin embargo, en esta lucha las dos partes que se mataban entre sí habían sido amigos, compañeros y enamorados. Durante la lucha, los dos jóvenes que representaban los dos bandos opuestos se ayudaron y se odiaron mutuamente. Intentaban convencer a la otra parte que se rindiera pero no lo lograron. Desesperada, Lu Danfeng se tiró desde un edificio alto. Li Honggang se echó a llorar con el cadáver de Lu Danfeng en sus brazos, y murió por un disparo. Al final de la película, la hija de un hombre que era profesor de Lu Danfeng y Li Honggang preguntó a su padre cuando visitaban la tumba de los dos jóvenes: "¿son ellos héroes o mártires?" Y el padre contestó: "no, ellos son la historia" , una historia trágica de los jóvenes Guardias Rojos que sacrificaron su amor y amistad por la creencia revolucionaria, sin comprender la esencia de dicho movimiento.

Las escenas de lucha que presentan en esta película son muy reales y causan un impacto visual muy fuerte. El "Mar rojo" [10], la pasión de los jóvenes Guardias Rojos, la lluvia de balas, las llamas ardientes, la muerte de un joven de 14 años... Todo eso le hace pensar al público sobre qué significaba realmente la revolución para estos jóvenes Guardias Rojos.

2. La presencia frecuente de la violencia

Cómo presentar las escenas de violencia, cómo mostrar la distorsión de la naturaleza humana por culpa de la violencia, y cómo llamar la atención del público para que se fijen en las cuestiones humanistas constituyen una tarea espinosa que se les plantea a las películas que tratan el tema de la RCC. Durante la época de dicho movimiento, la violencia estaba presente por todas partes. Las peleas, las luchas armadas, los robos, las confiscaciones de las propiedades privadas y las matanzas se convirtieron en actos frecuentes y comunes. El autor Xiao Qian escribió en su libro Memoria miscelánea sobre la ciudad de Beijing,

A partir del agosto rojo, la revolución pasó de ser espeluznante a ser sangrienta. Los seis"cadáveres"que habían sido tirados al lado del basurero a la salida del callejón, los cuales, según dicen, todavía no estaban muertos, fueron enviados directamente al crematorio. Un chico mayor que yo me dijo que un profesor suyo, que había trabajado toda su vida en la escuela, fue maltratado hasta que murió. Los rebeldes obligaron al rector de la escuela a bailar con el cadáver del profesor muerto. El rector no quería hacerlo, y se suicidó tirándose desde un edificio alto. En aquella época, para muchas personas, la muerte era

---

10   El"Mar rojo"se refiere al movimiento de pintar en rojo las paredes por la calles y los edificios, con la implicación de crear un ambiente totalmente revolucionario.

mucho más atractiva que la vida".[11] (Xiao, 1987: 109-110)

El "agosto rojo" , que mencionó el autor Xiao Qian, es la época en que se produjeron más violencias aterradoras. En aquel entonces, el equipo de vigilancia de los Guardias Rojos del Distrito Xicheng de Beijing, formado por los hijos de altos funcionarios, escribieron "Viva el terror rojo" con la pintura roja y la sangre en la pared del "campo de trabajos forzados" que fundaron ellos mismos en un colegio. De ahí venía la denominación del "agosto rojo" . El ministro de seguridad pública Xie Fuzhi declaró en una conferencia que no estaban de acuerdo con que las masas cometieran matanzas, pero tampoco podían evitar el hecho de que el pueblo odiara a muerte a los malvados. Dicha declaración sirvió como ayuda a la exaltación e hizo que se perdiera completamente el control de la violencia, conduciendo a las matanzas en todas partes de China. En algunos lugares, había familias, cuyos miembros fueron todos asesinados, solo porque "no se habían portado bien" o venían de las "siete clases negras" . Si las creaciones cinematográficas evitaran revelar esos hechos, el terror y las heridas físicos y psicológicos no formarían una memoria colectiva del pueblo, y la reflexión sobre la naturaleza anti-humanística de la revolución no se llevaría a cabo.

Para abordar este tema delicado, algunas películas optan por asignar esta tarea a los personajes para que cuenten la violencia que han experimentado ellos mismos o las personas relacionadas con ellos. Por ejemplo, en la película 《小街》 "Calle estrecha" , la joven Yu contó que la persecución que sufría su madre hizo que prefiriera tomar la medicina de yerba que le conseguía su hija en vez de ir al hospital, porque cada vez que iba al hospital tenía que presentar una solicitud, y siempre bajo escolta. Esta historia revela el hecho de que el ámbito médico, el cual debería ser el sector con más características humanistas por encargarse de salvar a los moribundos y curar a los

---

11   Traducción propia.

heridos y enfermos, también se convirtió en órgano dictatorial.

Otras películas prefieren mostrar la violencia con escenas explícitas con el objetivo de causar un impacto visual fuerte, tal como las luchas armadas en la película 《枫》 "El arce", a través de las cuales se observan las matanzas sangrientas de forma directa; o la sesión de lucha que aparece en la película 《如意》 "Lo que desees" en la que el rector de la escuela Zhao se ponía de rodillas y le colgaron en el cuello una piedra enorme. Dichas escenas explícitas cuentan con un efecto visual impactante que es capaz de dejar las imágenes como una memoria inolvidable a los espectadores.

Esta violencia de la que estamos hablando no tiene nada que ver con la violencia diseñada a propósito por los directores en las películas de las épocas anteriores. La aparición de la violencia en las películas del primer grupo, en concreto, los conflictos entre los héroes revolucionarios y los conspiradores malvados, sirve para resaltar las cualidades de los primeros, por lo tanto parecen muy deliberados y no llegan a conmover al público. Al contrario, la violencia que se presenta en las películas hechas en los años 80 es una violencia real que sufría la gente común y corriente, capaz de despertar la empatía y la necesidad de reflexionar sobre la propia Revolución por parte de los espectadores.

El humanismo requiere inevitablemente la reflexión y la resistencia a la violencia. El deseo de la paz y tranquilidad demanda el regreso de la humanidad reemplazada por la lucha de clases durante la Revolución. En la película 《小街》 "Calle estrecha", la madre de la joven Yu (profesora de música) fue clasificada entre las "siete clases negras", lo cual también comprometió a su hija, a quien le cortaron el pelo y le tiraron la gorra en el baño de los hombres. Frente a la persecución y el maltrato, Yu repitió la pregunta desesperada, "¿por qué humilláis a la gente inocente?" La pregunta similar también aparece en la película 《枫》 "El arce" cuando el profesor Wang presenció la lucha armada entre los compañeros, "¿por qué la clase se convirtió en el campo de batalla, y los seres queridos se convirtieron en los enemigos?"

Mencio[12] comentó que la diferencia entre el ser humano y los animales era muy pequeña, y consistía en que el ser humano teníamos compasión, la cual debería ser lo básico y lo necesario para una sociedad, sin embargo, se convirtió en lo anormal durante los diez años accidentados. En la película《如意》 "Lo que desees" , el obrero veterano del colegio Shi Yihai tapó con un revestimiento plástico los cadáveres de los "capitalistas" que fueron maltratados hasta la muerte por los guardias rojos, y fue difamado, debido a ese acto de simpatía, como "enemigo de la clase socialista" . Sin embargo, no cambió su forma de ser por las persecuciones que sufría, y seguía realizando los actos de bondad, tales como cuidar a Jin Qiwen, la princesa de la dinastía Qing que pertenecía a la clase terrateniente, y llevaba bebida a las personas marginadas y castigadas por venir de las "siete clases negras" . En la película 《巴山夜雨》 "Lluvias nocturnas de Bashan" , la joven guardia rojo Liu Wenying que vigilaba al poeta Qiu Shi decidió liberarlo y ayudarlo a reunirse con su hija, porque después de presenciar lo que hizo el poeta, experimentó una lucha interna, y logró recuperar la humanidad que había perdido en las llamas de la revolución. Todas esas escenas muestran lo precioso que es la humanidad en aquella época caótica.

El hecho de que la vida de la gente bondadosa se veía amenazada es una sensación que comparten las personas que han vivido aquel movimiento, y la tarea de mostrar al público la vida real de aquella época constituye el paso previo para que la sociedad conozca y reflexione sobre dicho movimiento. En ese sentido, la presencia de la violencia en las películas ayuda a los espectadores a acercarse al sufrimiento y terror que se experimentaban durante la RCC, lo cual

---

12   Mencio (370 a.C. - 289 a. C.), filósofo chino y seguidor del confucianismo.

les hace apreciar más la humanidad que tenemos hoy en día.

3. El foco en la vida cotidiana de la gente común y corriente

La vida cotidiana se refiere a diversas actividades humanas relacionadas con la vida diaria, incluyendo comida, ropa, vivienda, nacimiento y muerte, matrimonio y funeral, etc. La narración del ámbito cotidiano integra las actividades básicas de la vida cotidiana en las obras literarias y artísticas, dejándolas como el centro de la narración, a través de las cuales se observan las cualidades de las personas y la esencia de la vida. La revolución consiste en un cambio rápido y radical de los valores y mitos, así como de su sistema político, estructura social, actividades políticas, etc. que ocupan una posición muy importante en una sociedad. Esencialmente, la cultura revolucionaria es una especie de cultura "rebelde" que en China llegó a su apogeo en la RCC, y se destaca por las características integral, cerrada, idealista e incluso utópica. La cultura revolucionaria implica la negación completa de la vida mundana, puesto que la secularidad, el entretenimiento y el materialismo de la cultura folklórica constituyen una clara amenaza al idealismo revolucionario.

Durante los 30 años transcurridos desde la fundación de la República Popular China, la cultura tenía una forma totalmente unitaria e ideológica. La pasión por la revolución y otros grandes temas políticos se convirtieron en la corriente más popular y dominante en las obras artísticas, mientras que la vida cotidiana adquirió el carácter engorroso y vulgar. La atención en el estilo de vida incluso fue considerada como una manifestación de la decadencia burguesa, por lo que si no se manejaba adecuadamente, podría debilitar la voluntad revolucionaria. Muchas películas reflejan las ridiculeces que hacía la gente en la vida cotidiana para demostrar su espíritu revolucionario y evitar las persecuciones. Por ejemplo, muchos platos ordinarios de comida adquieren nombres específicos como si tuvieran la consciencia revolucionaria, tales como "pulmón de cerdo revolucionario" y "albóndigas mirando al sol" , etc.

A partir de los años 80 del siglo pasado, con el avance económico, se empezó a prestar más atención a las necesidades diversificadas de la gente común y corriente, y la cultura mundana logró obtener sus primeros desarrollos y fue aceptada poco a poco por toda la sociedad. A medida que se produjo la diferenciación de las clases sociales, la cultura también entró en la fase pluralista, en la cual la parte extrema utópica antihumana de la cultura revolucionaria fue rectificada por la secularidad y el realismo del humanismo.

El foco de las películas que versan sobre la RCC también pasa de las luchas de clases a centrarse más en la vida mundana de la gente común y corriente, con el objetivo de reflejar la influencia que deja la revolución en el ámbito cotidiano. La película 《张家少奶奶》 "Su forma de vivir" , adaptada de la novela 《流逝》 ("El tiempo vuela") escrita por Wang Yi' an, nos presenta la vida cotidiana de una familia extensa durante el movimiento. 《如意》 "Lo que desees" cuenta la historia de amor entre el trabajador veterano de una escuela, Shi Yihai, y la noble dama Jin Qiwen que era la princesa de la dinastía Qing. 《大桥下面》 "Bajo el puente" narra la historia de la costurera Qin Nan, quien superó el trauma que le había dejado la tragedia política con la ayuda del reparador de bicicletas, Gao Zhihua, y decidió a desafiar al destino en búsqueda del verdadero amor y de una vida feliz...

En esas películas no percibimos la clasificación de los personajes estereotipados tales como los héroes revolucionarios, los veteranos, los intelectuales y los conspiradores, ni los típicos conflictos entre la parte justa y la parte malvada, sino los detalles de la vida común y corriente que fueron ignorados durante el acontecimiento político. Dichos detalles de la vida parecen nimios, sin embargo, contienen una lección que nos quiere dar la historia: la vida cotidiana en sí tiene su valor y significado propio. El respeto a la humanidad parte del reconocimiento de la vida real. La búsqueda del valor y significado fuera de la propia vida cotidiana, o el rechazo de la vida misma, resultarán fracasados.

A continuación analizamos varios aspectos representativos de la vida cotidiana que aparecen en las películas hechas en los años 80.

3.1. El movimiento de "subir a las montañas y descender a los pueblos"

El movimiento de "subir a las montañas y descender a los pueblos" forma parte muy importante de la experiencia de los jóvenes durante la RCC. Dicho movimiento, como hemos comentado anteriormente, fue convocado por el líder supremo de aquella época, quien creía que había mucho que hacer en el campo, y los jóvenes que estudiaban en la ciudad deberían ir a los pueblos apartados para practicar los conocimientos que habían adquirido en los colegios, con el fin de recibir la "reeducación" .

Esta movilización masiva empezó antes de la revolución, de hecho, fue propuesta en las años cincuenta. Fue llevado a cabo durante los años sesenta, y terminó a fines de la década de los años setenta. Para los jóvenes intelectuales en ese momento, el objetivo de ir al campo consistía en eliminar las "tres diferencias principales" , es decir, las diferencias entre los obreros y los campesinos; las diferencias entre las zonas rurales y las zonas urbanas; y las diferencias entre el trabajo físico y el trabajo mental, lo cual sobreestimó la función de la práctica, abandonando los métodos tradicionales de la enseñanza y la importancia de la teoría.

Para los líderes del gobierno, dicho movimiento se produjo por otros motivos. Dos años después de que empezó la RCC, los diversos sectores de China estaban en pleno caos: los aparatos gubernamentales se paralizaron, las fábricas se cerraron, las clases se suspendieron, y las diferentes bandas políticas provocaron luchas armadas que conducían a matanzas sangrientas. El movimiento se inició desde las escuelas, y los estudiantes inocentes que formaban gran parte de los Guardias Rojos, después de ser utilizados como una herramienta para poner en marcha dicho suceso, se convirtieron en las principales fuerzas destructivas que eran muy difíciles de controlar, por lo tanto, era urgente debilitar su fuerza. Cabe mencionar el papel que tiene el grupo de los jóvenes en las películas de la época de reflexión, en las cuales pasan de ser la fuerza principal que representa el futuro y la esperanza, como lo que se presenta en las películas tipo, a ser un grupo violento e irracional que persigue a las personas inocentes. Aparte de eso, debido al gran daño que causó dicho movimiento en el sector económico, muchas fábricas se vieron obligados a cerrarse o entrar en bancarrota, como consecuencia, la ciudad no era capaz de acomodar el empleo de 2.000 millones de graduados durante tres años consecutivos[13]. Si esos estudiantes permanecieran en las ciudades sin poder continuar los estudios ni conseguir trabajos, las consecuencias serían muy graves.

Por todos los motivos anteriormente resumidos, el entonces presidente emitió la instrucción sobre "El campo es un mundo amplio, hay mucho que hacer allí, y es muy necesario que los jóvenes intelectuales se vayan al campo para recibir la 'reeducación' junto con los campesinos de clases medias y bajas" . Respondiendo a ese llamado, el movimiento de "subir a las montañas y descender a los pueblos" se puso a marcha en toda la China. Todos los estudiantes de secundaria y bachillerato que estaban matriculados en el año sesenta y ocho fueron enviados al campo, con un número total que alcanzaba a 16 millones, el cual equivalía a un diez por ciento de la población urbana. Se trata de una migración excepcional de las áreas urbanas a las rurales que causó un impacto nacional e internacional sin precedentes. Casi todas las familiares urbanas estaban involucradas

---

13   Debido a la destrucción que hizo la RCC al ámbito educativo, se acumularon una gran cantidad de estudiantes de secundaria y bachillerato que no pudieron terminar los estudios a tiempo, y se graduaron juntos en los dos siguientes años después de que se acabó el movimiento, lo cual causó una presión laboral enorme a la sociedad. Por lo tanto, el movimiento de"subir a las montañas y descender a los pueblos"también cumplía el objetivo de resolver el problema de empleo de dichos estudiantes.

en dicho movimiento.

A partir de los años setenta, a los jóvenes intelectuales les fue permitido regresar a la ciudad paulatinamente en nombre del reclutamiento, el examen, la enfermedad, el hijo único, etc. A finales de la década de los años setenta, se produjo una rebelión por parte de los jóvenes intelectuales que no pudieron volverse a la ciudad, en forma de presentar peticiones, hacer huelgas de trabajo y de hambre, acostarse en los rieles para suicidarse, etc., con el fin de poder marcharse de los campos. A partir del año setenta y nueve, la mayoría de los jóvenes lograron volver a la ciudad, pero también había una minoría que se había casado con los campesinos y se quedó allí el resto de su vida. Existían jóvenes que ya habían vivido junto con los campesinos e incluso habían tenido hijos con ellos, pero por el miedo de no poder regresar a la ciudad, no pasaron por la boda civil para no empadronarse en el campo. Según las estadísticas, había cientos de miles de jóvenes intelectuales que se quedaron en el campo por diversos motivos y no pudieron volver a la ciudad.

El movimiento de "subir a las montañas y descender a los pueblos" alivió temporalmente la presión de empleo en la ciudad, y al mismo tiempo el entonces líder supremo logró el objetivo de disolver la organización de los Guardias Rojos, sin embargo, por culpa de dicho movimiento, decenas de millones de jóvenes perdieron los mejores años de su juventud en el campo, mientras que innumerables familias se vieron obligadas a separarse. Ese movimiento también causó caos en diferentes sectores de la sociedad. Debido a que una gran cantidad de estudiantes, quienes deberían haberse convertido en académicos y expertos, dedicaron muchos años trabajando en el campo sin poder seguir los estudios, a partir de los años ochenta se produjo una gran escasez de talentos para realizar las investigaciones académicas, lo cual dificultó mucho el desarrollo de la educación en China.

Dicho movimiento hizo que muchos jóvenes que venían de

la ciudad tuvieran la oportunidad de conocer las zonas rurales de China, dado que la mayoría de estos estudiantes solo habían conocido los campos a través de los libros. Algunos de ellos se hicieron autores famosos, tales como Shi Tiesheng, Ye Xin, Liang Xiaosheng, etc., pero la mayoría perdió la oportunidad de seguir los estudios, y se convirtieron posteriormente en los primeros que fueron despedidos del trabajo en los años noventa por la falta de conocimientos y técnica. En fin, este movimiento cambió completamente el destino de una generación.

Entre las películas que se hicieron durante la época de reflexión, se encuentran muchas que cuentan la historia del movimiento de "subir a las montañas y descender a los pueblos" desde distintas perspectivas. Algunos filmes describen el movimiento como una experiencia beneficiosa, mediante la cual los jóvenes recibieron ayuda por parte de los campesinos acogedores, y a la vez aportaron al pueblo con sus conocimientos y esfuerzos, como resultado, se estableció un lazo estrecho entre los jóvenes estudiantes y el pueblo, tal como lo que se refleja en las películas 《勿忘我》 "No te olvides de mí" y 《甜女》 "La chica dulce".

《勿忘我》 "No te olvides de mí" narra la historia de la joven estudiante Wenwen que se fue a un pueblo apartado por responder al llamado de dicho movimiento. De camino al campo, fue violada por un grupo de canallas, y se escapó del peligro luchando a muerte. Su padre acababa de morir por la persecución, y su madre se suicidó al ser obligada a divorciarse. No pudiendo soportar tantos ataques en la vida, Wenwen decidió suicidarse. Sin embargo, fue rescatada por un médico del pueblo, quien la cuidaba con toda atención, y posteriormente la enseñaba los conocimientos para que pudiera participar en la selectividad y volviera a la ciudad. Se apoyaron y se ayudaron mutuamente durante la revolución y terminaron enamorados.

La joven Meng Tiannv, de 《甜女》 "La chica dulce", se fue

desde la ciudad de Shanghái a un pueblo lejano en el norte de China para recibir la "reeducación" . Allí se enamoró de un chico que la salvó varias veces del apuro, se casaron, tuvieron un hijo y llevaban una vida muy tranquila y feliz. Sin embargo, la madre de la joven no estaba de acuerdo con el matrimonio y quería que volviera a la ciudad. El marido de Meng Tiannv, al conocer por primera vez lo avanzada que era la ciudad de Shanghái, se enteró del sacrificio que había hecho su mujer por estar con él en un campo pobre y atrasado, por lo tanto decidió divorciarse de ella para que pudiera regresar a la ciudad y tuviera un futuro mejor. Sabiendo perfectamente lo que quería en su vida, Meng Tiannv logró convencer a su madre, y volvió al campo para reunirse con su marido.

Las dos películas comentadas anteriormente relatan el movimiento de una forma moderada, dándole un toque afectuoso, lo cual se conforma con la experiencia de una parte de los jóvenes concernientes, quienes lograron integrarse en la vida del campo, sitio que incluso se convirtió en su segundo pueblo natal, de modo que la experiencia les supuso una memoria nostálgica. Al contrario, hay otras películas que procuran revelar los aspectos más negativos de dicho movimiento, contando los sufrimientos y desesperaciones que experimentaban los jóvenes estudiantes, para los cuales el movimiento de "subir a las montañas y descender a los pueblos" parecía más bien una pesadilla.

En la película 《张家少奶奶》 "Su forma de vivir" , la protagonista Zhang Ruili tuvo que empeñar los bienes de la casa, pedir dinero a los otros, e incluso sacar el ahorro que tenía su hija en la hucha para juntar dinero que le permitiría comprar el equipaje para sus cuñados, quienes estaban obligados a participar en el movimiento de "subir a las montañas y descender a los pueblos" , porque si no lo hicieran, les cortarían el subsidio y les anularían el empadronamiento. Se veían por las calles la combinación de los lemas y manifestaciones que convocaban dicho movimiento, junto con las preocupaciones y llantos desesperados por la separación de los familiares en la estación ferrocarril, lo cual produce un contraste muy fuerte, revelando el carácter forzoso que tenía ese movimiento y el hecho de que una gran parte de los jóvenes que participaron en dicho movimiento no tenían ni idea de lo que iban a afrontar, así como el miedo y la inseguridad que sentían al separase de sus padres.

《我们的田野》 "Nuestro campo" narra la historia de cinco estudiantes de personalidades totalmente diferentes que venían de Beijing y se apuntaron para ir a un campo al norte de China, con el fin de perseguir su sueño revolucionario. Al llegar, se embriagaron con la belleza de la naturaleza y se enamoraron del campo. Sin embargo, cuando llegó el invierno, la vida también empezó a ponerles duras pruebas. Han Qiyue se enteró de que sus padres fueron clasificados entre las "siete clases negras" y decidió cortar la relación con ellos para demostrar su creencia revolucionaria firme y quedarse toda la vida en el campo. Xiao padecía de una enfermedad grave y pasaba todo el día esperando la carta que le había enviado su madre desde el extranjero, pero nunca le llegó la carta, lo cual le estaba destrozando por dentro. Ning Yu no pudo soportar más las malas condiciones en el campo, y planteaba volver a la ciudad mediante el matrimonio, abandonando a sus compañeros, entre los cuales estaba el chico que estaba enamorado de ella. Qu Lin logró regresar a la ciudad a causa de la enfermedad, y Xi Nan aprobó la selectividad por los muchos esfuerzos que había hecho. Solo Han Qiyue persistió en su sueño original y decidió quedarse en el campo, sin embargo, murió en un rescate de un incendio por desgraciada casualidad.

Es verdad que el movimiento de "subir a las montañas y descender a los pueblos" causó un gran daño al ámbito educativo y económico del país, y la mayoría de los participantes fueron obligados por la presión política, aún así, es muy difícil poner una evaluación exacta a dicho movimiento, puesto que involucra a innumerables personas cuyas experiencias incluyen risas, dolores, esperanza, desesperanza, miedo, arrepentimiento, etc. que varían según cada persona, como dice Xiao en la película 《我们的田野》 "Nuestro campo" , "hay muy pocas generaciones que hayan sufrido algo similar como nosotros. Sin embargo, nuestras creencias no morirán. Igual que la tierra que es quemada por el incendio, no importa cuán espesas sean las cenizas, siempre crecerán dentro de ellas los brotes más verdes y más fuertes" .

3.2 La inestabilidad política y su influencia

La RCC, que duró diez años, consiste en un proceso revuelto y cambiante que puede dividirse en tres etapas, durante las cuales hubo innumerables luchas de poder, conspiraciones políticas, calumnias, reformas en distintos ámbitos de la sociedad, etc. Cabe preguntar: ¿El pueblo se enteraba de la lucha tan versátil entre la parte izquierda y la derecha y le importaba? La respuesta es negativa, como declaró el antirrevolucionario Li Wenchao en el reportaje de su autocrítica, quien fue sentenciado a siete años de prisión en septiembre de 1958 por participar en el grupo contrarrevolucionario. Después de ser liberado, le asignaron un trabajo en el campo de trabajos forzados. Debido a su identidad como antirrevolucionario, a menudo se le pidió que realizara una autocrítica durante dicho movimiento político. Aunque las personas inocentes tenían la obligación de informar a las organizaciones superiores de sus pensamientos de forma periódica, nadie se atrevía a expresar lo que verdaderamente pensaba, sin embargo, las personas que habían cometido errores políticos como Li Wenchao podían hacerlo, o mejor dicho, les favorecía hacerlo, porque les suponía una oportunidad para demostrar que había terminado la transformación ideológica y que ya tenía los pensamientos políticos más correctos.

En cuanto a la opinión sobre la crítica a la cultura tradicional, Li Wenchao manifestó que había tenido ideas muy erróneas respecto a eso, pensando que las críticas que publicaban en los periódicos sobre las películas, novelas y óperas tradicionales eran iguales que las típicas luchas entre los literatos, por lo tanto no les daba importancia. Al leer los artículos que criticaban la cultura tradicional y los artículos que la defendían, estaba muy confuso, por un lado no podía entender bien los artículos por la poca educación que tenía, y por otro lado, todavía estaba con su gusto capitalista, y le seguían gustando las óperas tradicionales, aunque sabía que lo correcto era apoyar la crítica y la ópera revolucionaria. Con respecto a la persecución a los veteranos que seguían la vía capitalista, Li Wenchao dijo que al principio no podía comprender por qué elegían el camino capitalista ese grupo de personas que tenían suficiente poder y dinero, luego comprendió que no debería evaluarlos desde la perspectiva capitalista, según la cual el dinero era lo más importante. Lo que querían hacer los seguidores de la vía capitalista era derribar el sistema socialista para la restauración capitalista, por eso el dinero no les bastaba. Sobre las obras del líder supremo, manifestó que había leído una y otra vez los mismos artículos hasta que los aprendió de memoria, sin embargo, no pudo llegar a comprender la esencia y le aburrieron mucho. En cuanto a la destrucción de los "cuatro viejos" , admitió que le gustaban más las óperas y los poemas tradicionales. Las obras artísticas nuevas reflejaban una ideología política correcta, pero no tenían un nivel artístico tan alto como las obras tradicionales.

Lo que dijo Li Wenchao puede representar las sensaciones de la mayoría del pueblo chino sobre la RCC. La gente común y corriente no se enteraba de lo que estaba pasando en el gobierno, porque las instrucciones políticas versátiles no llegaban al pueblo. Lo único que percibía la mayoría de las personas era la influencia que dejaban esas políticas en su vida cotidiana, y lo que hacían era intentar portarse de forma correcta políticamente para no convertirse en el objetivo de crítica, como lo que hacía Li Wenchao cantando las óperas tradicionales cuando estaba solo para evitar la persecución.

En la película 《月亮湾的笑声》("Risas en Yueliangwan"), cuando el periodista fue por primera vez al pueblo para hacerle la entrevista al representante de los campesinos ricos, el alcalde pensaba que el motivo de la visita era criticar a las personas ricas por ser seguidores de la vía capitalista, como lo que solían hacer durante la revolución, por lo tanto, hizo una autocrítica delante del periodista diciendo que la tendencia capitalista que existía en el pueblo era por culpa suya, porque estaba muy enfermo y no pudo dirigir bien el trabajo revolucionario. Sin embargo, el periodista le contestó que el motivo de la entrevista no era criticar a los campesinos ricos, sino elogiarlos. Cuando el periodista llegó por segunda vez al pueblo para sacarle otra foto a Jiang Maofu, éste estaba muy contento pensando que sería otro elogio para él, no obstante, esta vez se convirtió en el advenedizo capitalista en el periódico y objeto de crítica.

Ese fenómeno ridículo, pero real, se produjo porque el pueblo no sabía que durante la primera visita del periodista habían caído las fuerzas de tal líder, y el gobierno estaba criticando su teoría sobre "el país está rico pero el pueblo está pobre, y la época anterior era mejor", y durante la segunda visita había vuelto a tomar el poder la parte izquierda del partido, con las instrucciones de "oponerse a la desviación derechista". Lo que percibía el pueblo era el resultado de esas políticas cambiantes, y la confusión que causaba el hecho de que hace poco era considerado un delito capitalista hacerse rico, luego se convirtió en algo elogiable, y poco tiempo después volvió a ser prohibido.

Jiang Maofu se hizo famoso después de que salió en el periódico su primera foto, y le invitaron a dar charlas sobre el tema de "criticar a Confucio". Un campesino le preguntó qué quería decir el refrán de Confucio "克己复礼" (Conténgase y siga las normas sociales), Jiang Maofu contestó que significaba la restauración del capitalismo. Y frente a la pregunta de "¿Confucio también se oponía al capitalismo?", respondió contundentemente sin pensarlo dos veces

¡Claro que sí!"

Esta conversación de humor negro refleja la actitud de la gente común y corriente sobre la RCC. La mayoría de ellos no conocían el motivo ni el desarrollo de dicho movimiento, ni les importaba, en realidad, lo único que aspiraban era a estar sanos y salvos con la familia y tener una vida tranquila.

El cambio frecuente de las posiciones políticas constituye otra consecuencia de las políticas versátiles del movimiento, como lo que se puede observar en la película "Ciudad de hibisco" : Al iniciar el Movimiento de Educación Socialista[14], la gerente del restaurante estatal Li Guo Xiang, quien tenía envidia a Hu Yuyin y su marido Li Guigui, cuyos negocios hacían competición con su restaurante, se convirtió en la jefa del Grupo de Trabajo y se encargaba de registrar las propiedades privadas de cada familia. Aprovechando el poder que tenía, embargó la nueva casa que construyeron Hu Yuyin y su esposo, y difamó a Hu Yuyin como seguidora de la vía capitalista. Li Guigui intentó asesinar a Li Guoxiang, pero fue descubierto, y se suicidó. Empezó la RCC, Li Guo Xiang fue destituida de su cargo, y fue maltratada y humillada por los Guardias Rojos. El vagabundo Wang Qiushe que tenía el historial político limpio y no pertenecía a las "siete clases negras" se convirtió en el secretario de la célula de la aldea. El pueblo lo adulaba servilmente preparándole comida rica y alcohol. Cuando Wang Qiushe estaba disfrutando de las ventajas que le había traído el poder, de repente recuperó la reputación Li Guoxiang y encima le subieron el cargo, y el pueblo abandonó a Wang Qiushe para lisonjearla a ella. Wang Qiushe le demostró muchas veces a Li Guoxiang su lealtad y ganó su confianza. Los dos

---

14 El Movimiento de Educación Socialista, también conocido como el Movimiento de Cuatro Limpiezas, consistía en registrar los puntos de trabajo, las cuentas, los bienes materiales y los almacenes. Se trata un movimiento que lanzó el entonces presidente en las zonas rurales de China con la finalidad de evitar el revisionismo. Dicho movimiento subió de nivel posteriormente, convirtiéndose en el Movimiento de Cuatro Limpiezas más avanzado que abarcaba los ámbitos de la política, la economía, la administración y la ideología.

se juntaron para perseguir a Hu Yuyin y su pretendiente Qin Shutian, quien también fue perseguido por ser "derechista" . Terminó el movimiento, Li Guoxiang logró otra promoción, y el exsecretario Wang Xiushe se volvió demente, vagando por las calles batiendo un gong roto, gritando: empieza la revolución...

Los altibajos que se produjeron en la vida de los personajes, sobre todo en Li Guoxiang y Wang Qiushe, reflejan el cambio arbitrario de las posiciones políticas que existía durante el movimiento debido a las políticas cambiantes y el abuso de poderes que conllevaba. Las adulaciones que hacía el pueblo a la persona que tuvo el poder político muestran la debilidad humana, pero también el deseo de la gente común y corriente de estar protegida para no sufrir la persecución.

3.3. La recuperación de los sentimientos humanos

A diferencia de las películas de las etapas anteriores, en las películas que se rodaron durante la época de plena reflexión, los personajes vuelven a ser seres que tienen sentimientos humanos, es decir, son capaces de querer, amar y odiar en vez de ser puras máquinas revolucionarias frías. Podemos ver las buenas cualidades que se destacan entre la crueldad de la tragedia política, y también la debilidad de la personalidad humana, tal como la envidia y las adulaciones; podemos percibir las heridas físicas y psicológicas que causa la RCC a las personas inocentes, pero también el apoyo y los cuidados que curan esas heridas.

El amor sufre menos manipulación política, volviendo a ser un derecho que pertenece a la gente común y corriente, y adquiere un toque romántico y trágico al mismo tiempo, tal como se ve en la película《如意》 "Lo que desees" : Shi Yihai, trabajador veterano del colegio, y Jin Qiwen, princesa de la dinastía Qing y clasificada entre las "siete clases negras" , se enamoraron, a pesar de las clases sociales muy distintas que indicaban el destino trágico de este amor. Los cuidados que se daban el uno al otro era lo único que les animaba a sobrevivir la catástrofe política. El amor entre ellos se muestra a través de muchos detalles de la vida diaria, por ejemplo, Shi Yihai subió a las montañas corriendo el riesgo de sufrir el ataque cardíaco para coger hierbas medicinales a Jin Qiwen, y ésta le tejió los guantes como regalo. Al final Shi Yihai sufrió el ataque de corazón, y antes de morir, soñó que se casó con Jin Qiwen y tuvieron un hijo. La misma historia pasa en la película 《勿忘我》 "No te olvides de mí", en la que el médico campesino Zhou Hong salvó la vida de la joven intelectual Wenwen, la cuidaba y le enseñaba conocimientos para que aprobara la selectividad. Para agradecerle al médico, Wenwen le ayudó a publicar el libro de medicina que había escrito. Igual que la historia de amor en la película 《如意》 "Lo que desees", la relación entre Zhou Hong y Wenwen también estaba destinada a morir, puesto que Wenwen tendría un futuro mejor regresando a la ciudad, y sabiendo eso, Zhou Hong le rechazó con dolor su declaración de amor.

El amor es algo tan precioso y necesitado en una época llena de violencia y crueldad, lo cual hace que a pesar de poder traer consecuencias graves, haya gente que lo persigue y lo protege a toda costa, tal como el protagonista Xia en la película 《小街》 "Calle estrecha" que robó una trenza falsa que era parte de la utilería de una ópera revolucionaria y fue maltratado por los actores hasta que se quedó ciego, solo para cumplir el deseo de la joven Yu, quien se disfrazaba de chico para evitar la persecución y quería volver a tener el pelo largo; en la película 《大桥下面》 "Bajo el puente", el reparador de bicicletas Gao Zhihua se enteró de que la mujer que quería era madre soltera, aún así decidió tener un futuro con ella, aunque eso implicaba un conflicto inevitable con su madre y los prejuicios por parte de los vecinos.

Igual que el amor, la familia también se convirtió en un elemento que se cargaba de la responsabilidad de recompensar los sufrimientos que había causado la revolución y sanar las heridas del alma y del corazón. La unión familiar en estas películas parece más unida que nunca, en la cual las mujeres desempeñan un papel muy destacable, creando una imagen bondadosa, comprensiva y fuerte que da apoyo incondicional a su marido, entre las cuales se encuentran la protagonista, Li Xiuzhi, de la película 《牧马人》 "El pastor"; Feng Qinglan de la película 《天云山传奇》 "La leyenda de Tianyunshan"; y Meng Tiannv de 《甜女》 "La chica dulce". Eran mujeres que cumplían casi todas las virtudes tradicionales chinas, no repugnaban el estatus social de su marido, y trabajaban duro para aportar a la casa. En cierto sentido tenían el papel de sanadora espiritual para los hombres, como lo que se refleja en la película 《牧马人》 "El pastor": cuando el marido Xu Lingjun estaba abandonado por el país por venir de una familia burguesa, y por ello clasificado como derechista (su padre se fue al extranjero abandonándolo cuando era niño para evitar la persecución política), Li Xiuzhi le ofreció un cobijo donde se sentía comprendido y apoyado emocionalmente. Tenía la confianza completa de que su marido era un hombre recto y honrado, y que todas las injusticias políticas que había sufrido tendrían su recompensa. El lazo entre ellos era tan fuerte que cuando el padre de Xu Lingjun, quien ya era un empresario con mucho éxito, volvió a China con el plan de llevar a su hijo a Estados Unidos para que heredara su empresa, Xu Lingjun le rechazó, porque tenía sus raíces en el pueblo donde estaban su mujer y su hijo a los que quería con todo corazón, así como los aldeanos que le ayudaban y apoyaban cuando sufría los tratamientos injustos durante el movimiento político.

En las películas de esta época aparece otro grupo de personas que llevaban una vida sin altibajos, en la cual nunca tuvieron el poder político ni sufrieron perseguidas. Sin embargo, por seguir las directivas de los mandos superiores sin pensarlo dos veces, o simplemente porque les gustaba sembrar discordias o andar con chismes, terminaron haciendo daño a los demás, tales como la señora Feng en la película 《如意》 "Lo que desees" y las vecinas en la película 《大桥下面》 "Bajo el puente". La aparición de dicho grupo de personas por un lado rompe la situación binaria de las personas buenas y las malvadas, mostrando el carácter complejo de la vida, y por otro lado, nos hace reflexionar sobre cómo se había convertido ese grupo en la energía negativa para hacer un daño añadido a las personas que ya habían sufrido las persecuciones durante la revolución, y qué responsabilidad deberían asumir por ello.

La señora Feng en la película 《如意》 "Lo que desees" era la responsable de los asuntos administrativos de la calle en que vivía, es decir, era una persona común y corriente que seguía las directivas de los mandos superiores. Cuando se encontró con Jin Qiwen, la princesa de la dinastía Qing, le dijo con un tono exigente y superior: "ya que eras princesa de la dinastía antigua, debes prestar atención a esa parte", apuntándose la cabeza con un dedo, insinuando que Jin Qiwen hiciera autocrítica sobre sus pensamientos porque se encontraba entre las "siete clases negras". Cuando Jin Qinwen tenía la intención de casarse con el trabajador veterano Shi Yihai, la señora Feng se presentó otra vez para estropear el posible matrimonio, lo cual hizo que los dos protagonistas no pudieran terminar juntos, y al final Shi Yihai murió con lástima. El personaje de la señora Feng no pertenece a los malvados imperdonables, sin embargo, su presencia causa molestia e incomodidad a los demás, puesto que no dispone nada de la simpatía ni comprensión.

La protagonista Qin Nan en la película 《大桥下面》 "Bajo el puente" era una chica tierna, bondadosa, y muy prudente con sus comportamientos. Sin embargo, su padre fue perseguido durante la revolución, y su madre fue obligada a delatar a su marido, por no querer hacerlo, su madre optó por suicidarse. La ruina de la familia feliz cambió totalmente la personalidad de Qin Nan, y se volvió muy callada. Durante el movimiento de "subir a las montañas y descender a los pueblos" conoció a un joven intelectual que también era de las "siete clases negras" . Los dos se enamoraron, y quedó embarazada la mujer. Sin embargo, el joven se inmigró al extranjero después de que terminó la revolución y la abandonó. Desesperada, Qin Nan se mudó al pueblo, dejando a su hijo en la casa de su tío para no revelar el hecho de que era madre soltera, y lo visitaba de vez en cuando. Al enterarse de que Qin Nan tenía un hijo, las vecinas que antes pensaba que era soltera empezaron a chismear, incluso llamando a su hijo "bastardo" , y cuando se peleaban los niños, las vecinas siempre ayudaban a los otros niños, marginando al hijo de Qin Nan, lo cual hizo que el resto de los niños también se burlaban del hijo de la pobre mujer, llamándolo "bastardo". En comparación con el sufrimiento que le había causado la catástrofe política, no resultó menos doloroso ese daño que le hicieron las vecinas.

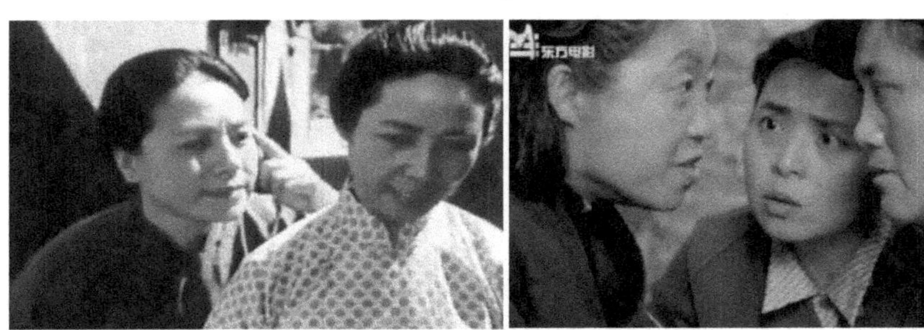

(Figuras 41 y 42: La señora Feng criticando a Jin Qiwen en 《如意》 "Lo que desees" y las vecinas chismorreando en 《大桥下面》 "Bajo el puente")

Esa maldad que existía en la sociedad de aquel entonces no era una simple acumulación de la maldad que tenía cada individuo, sino que era una maldad colectiva desde los mandos superiores hasta las personas comunes y corrientes. Los líderes de ese sistema político establecían las normas sociales que seguir, reprimiendo la evaluación moral de la gente, lo cual hizo que desde los altos funcionarios hasta las personas de a pie solo siguieran las directivas implantadas, sin tener su propia moralidad. De ahí que las personas como la señora Feng se sintieran superiores a la gente de las "siete clases negras" y pudieran despreciar y criticar a los demás.

3.4. La persecución que sufre la gente común y corriente

Después de que terminó la RCC, los errores políticos fueron corregidos gradualmente con las nuevas directrices, sin embargo, la cultura política y la ideología popular que se difundieron durante el movimiento eran muy difíciles de eliminar en un corto tiempo. El mayor daño que ha hecho la revolución a la sociedad china consiste en que dividía a los ciudadanos que nacieron iguales en diferentes posiciones socioeconómicas, declarando políticamente inútiles e incluso culpables determinadas posiciones, dejando que toda la sociedad se hundiera en la crueldad y la irracionalidad por las actividades violentas de los rebeldes y los Guardias Rojos.

Durante la RCC, una gran parte del pueblo fue clasificado en diferentes clases según el origen familiar, entre las cuales se encontraban siete clases que se las denominaban las "siete clases negras" , las cuales constituían los enemigos de la clase socialista, y por lo tanto, se convirtieron en los objetos de las persecuciones durante dicho movimiento. Las "siete clases negras" consisten en las siguientes categorías: 1) los terratenientes; 2) los campesinos ricos. Se refieren a las personas que fueron clasificados como campesinos ricos cuando se realizó la reforma agraria después de que se fundó la República Popular China; 3) los antirrevolucionarios, los cuales se dividen en los antirrevolucionarios históricos y los actuales. Los primeros participaron en las organizaciones o actividades reaccionarias antes de la fundación del país, y los segundos participaron en las organizaciones o actividades reaccionarias después de la fundación del país; 4) los malvados que incluyen a todos los que cometieron los delitos políticos o económicos y fueron condenados, y los que se entregaron sin ser penalizados, también las personas que perturbaron el orden público, así como la gente que cumplió las penas y fue liberada; 5) los derechistas que se refieren a los que fueron etiquetados como derechistas en la lucha antiderechista en 1957; 6) los capitalistas, los cuales fueron clasificados como capitalistas cuando se hizo la clasificación de las posiciones socioeconómicas después de la fundación del nuevo país; 7) la pandilla reaccionaria que se refiere a la mayoría de los veteranos del partido y los intelectuales.

De hecho, ya existía la clasificación de las "cuatro clases" como los enemigos de la clase socialista (los terratenientes, los campesinos ricos, los antirrevolucionarios y los malvados) después de la fundación de la República Popular China en 1949. Durante la revolución, se amplió la lucha de clases, y se convirtieron en las "cinco clases negras" con la inclusión de los derechistas. Posteriormente, fueron involucradas más clases hasta llegar a las "siete clases negras" . Este grupo abarcó una gran cantidad de personas, y mientras que se intensificó la lucha de clases, el número aumentó día a día, lo cual hizo que todo el pueblo viviera en un pánico tremendo.

Muchos personajes en las películas sufren persecuciones por pertenecer a esas "siete clases negras" , por ejemplo, el protagonista Qiu Shi en la película 《巴山夜雨》 "Lluvias nocturnas de Bashan" , quien era un poeta y por eso fue clasificado como la pandilla reaccionaria; igual que la madre de la joven Yu en la película 《小街》 "Calle estrecha" ; y el protagonista Luo Qun que fue calumniado como derechista en 《天云山传奇》 "La leyenda de Tianyunshan" , etc. Ese grupo de personas sufrieron tratamientos injustos en casi todas los ámbitos de la vida cotidiana, y fueron marginados por todo el pueblo.

Debido a las normas del castigo colectivo[15], los hijos, e incluso los nietos de esas personas también estaban involucrados, y privados de

---

15   Según las normas que se establecieron durante la revolución, los parientes cercanos dentro de tres generaciones de las personas que se encontraban entre las"siete clases negras"tenían implicaciones políticas. El objetivo de dicha norma era asegurar que las familiares se delataran entre sí.

los derechos de estudiar, participar en el ejército, encontrar trabajos, etc. Por eso, muchos jóvenes decidieron marcar la distancia con los padres que pertenecían a dichas clases para que su futuro no se viera afectado por el "error político" de los parientes. En la película 《月亮湾的笑声》 "Risas en Yueliangwan", ninguna chica quería casarse con el joven Gui Gen porque su padre era clasificado como campesino rico; en la película 《小街》 "Calle estrecha", a la joven Yu le humillaron y maltrataron porque su madre era profesora de música y etiquetada como pandilla negra; a la joven Wen Wen en la película 《勿忘我》 "No te olvides de mí" no la admitió ningún colegio por el hecho de que su padre fue clasificado como derechista; en 《我们的田野》 "Nuestro campo", la chica Han Qiyue se enteró de que sus padres fueron clasificados como la pandilla negra, y decidió cortar la relación con ellos para siempre…

La mayoría de esas personas eran inocentes, sin embargo, por esa clasificación socioeconómica que se les impusieron, terminaron muertos, heridos o inválidos por las persecuciones. El daño que había hecho la revolución al pueblo hizo que los directores de muchas películas otorgaran a los personajes la responsabilidad social de criticar este movimiento desde el punto de vista de las personas comunes y corrientes, tal como lo que dijo Shi Yihai en la película 《如意》 "Lo que desees": "No sé qué ha pasado durante estos últimos años para que se haya hecho popular que la gente se mate entre sí. Siempre hablamos de la lucha de clases, pero esa lucha se hace entre las personas vivas, y hay que ser prudente, porque no es una tontería y puede causar consecuencias muy graves" [16]. La joven Wenwen en la película 《勿忘我》 "No te olvides de mí" también mostró la confusión y la insatisfacción sobre la revolución, haciendo pregunta al médico Zhou Hong que le salvó la vida: "No entiendo qué es lo que está pasando ahora. Cuando era guardia rojo, tenía aprendida de

---

16 Traducción propia.

memoria cientos de citas del Libro Rojo sobre insistir en la verdad y corregir los errores, ¿pero quién los llevó a la práctica? ¿Se persistió en la verdad? ¿Se corrigieron los errores? ¿Dónde está la justicia?" [17]

Estas críticas representan la voz de la mayoría del pueblo, y muestra la reflexión que se ha hecho sobre el movimiento mencionado. El foco en la vida cotidiana de la gente común y corriente que se percibe en las películas mencionadas se debe mucho al ambiente político indulgente de aquel entonces, el cual permitió la vuelta de la humanidad sustituida por temas políticos como la lucha de clases, y abrió una nueva era para el cine revolucionario en China.

4. Dos formas distintas de criticar la RCC

Es verdad que las películas que se rodaron durante los años 80 se dedican a la reflexión sobre la RCC y presentan muchas características similares. Sin embargo, si las analizamos más detalladamente, descubrimos que las formas con las que critican dicho movimiento no son exactamente iguales. Eso se debe a que dichas películas fueron dirigidas por los directores de dos generaciones distintas que son conocidos como los directores chinos de la tercera generación y los de la cuarta generación[18]. Debido a que

---

17   Traducción propia.

18   El autor Yang Yuanying menciona en un artículo 《百年六代 影像中国 — 关于中国电影导演的代际谱系研寻》，《当代电影》，2001 年第 6 期 ("Seis generaciones en cien años, el cine chino - la división de los directores chinos por generaciones","Cine contemporáneo", 2001, No. 6) la división de las generaciones de los directores chinos: la primera generación (Zheng Zhengqiu, Zhang Shichuan, etc.) incluye a los directores que establecieron la forma básica del cine chino; la segunda generación (Cai Chusheng, Sunyu, etc.) incluye a los directores que crearon el estilo social realista de la década de los años 40; la tercera generación (Cui Gui, Xie Jin, etc.) abarca a los directores que se dedican a la descripción del entorno socialista después del año 1949; la cuarta generación (Zhang Nuanqiao, Xie Fei) incluye a los directores que proponen el cambio del lenguaje cinematográfico a partir de 1979; la quinta generación (Zhang Yimou, Chen Kaige) se refiere a los directores cuyas películas empiezan a ganar fama internacional después de 1985; y la sexta generación (Zhang Yuan, Wang Xiaoshuai) incluye a los directores que sobresalen en el cine chino después de 1990. Esa división se basa en la combinación de la regla interna del sector cinematográfico y los factores sociales externos, considerando los parámetros tales como el contexto social y político de la producción, la transformación del lenguaje cinematográfico, los temas principales, etc.

nacieron en diferentes épocas y tuvieron experiencias de vida muy distintas, esos dos grupos de directores disponen de diferentes estilos para abordar el mismo tema del movimiento político.

4.1. La perspectiva del testigo y la crítica prudente (la tercera generación)

Los directores de la tercera generación suelen emplear un estilo narrativo "seguro", aplicando con mucha frecuencia los apartes o monólogos, con el objetivo de mostrar la fiabilidad que tienen las historias mediante la perspectiva subjetiva del testigo. Por ejemplo, en la película 《枫》 "El arce", el profesor Wang es el que presencia toda la lucha armada; los apartes y monólogos de 《天云山传奇》 "La leyenda de Tianyunshan" complementan el argumento de la película, haciendo que la crítica a la revolución parezca más subjetiva y fiable. A parte de eso, los directores de dicha generación muestran una actitud bastante prudente en cuanto a la crítica del mismo movimiento, lo cual se refleja en los siguiente puntos:

En cuanto a la estructura narrativa, los directores de la tercera generación prestan mucha importancia al diseño del argumento para que sea sinuoso y cautivante, tales como los tres giros en la vida del campesino Jiang Maofu en la película 《月亮湾的笑声》 "Risas en Yueliangwan", o el cambio versátil de las posiciones políticas de los personajes en la película "Ciudad de hibisco". El argumento de dichas películas se puede dividir generalmente en tres partes: antes de la catástrofe, durante la catástrofe, y después de la catástrofe. Antes del movimiento, los protagonistas (intelectuales, veteranos del partido, gente común y corriente) viven tranquilos y felices, durante el acontecimiento sufren mucha persecución y maltratos, y después del suceso político todo se vuelve a la normalidad, incluso mejor que antes.

Con respecto a los temas abordados, se centran principalmente en las cuestiones sociales, históricas o humanitarias. La experiencia de los personajes en dichas películas es muy similar, y se puede resumir en tres modelos representativos:

- Los intelectuales están privados de los derechos humanos básicos y la libertad académica, y sufren persecuciones por parte de las personas malvadas anti-partido y anti-socialista. Sin embargo, mediante su creencia firme y la autodisciplina moral, son rescatados por las masas o por las nuevas políticas de justicia. De hecho, en vez de decir que los salvan las nuevas políticas, más bien son su propia justicia y moralidad que los salvan, como lo que le repite muchas veces Li Xiuzhi a su marido Xu Lingjun en 《牧马人》 "El pastor":"eres buena persona". Ese también es el elogio que le da el pueblo;

- Los veteranos que tienen la creencia socialista firme, tal como Luo Qun en 《天云山传奇》 "La leyenda de Tianyunshan", sufren mucha persecución e injusticia durante el movimiento mencionado. No obstante, soportan las humillaciones a fin de sostener su fe socialista. Al final logran recuperar su reputación e incluso tener una promoción;

- El pueblo común y corriente que quiere hacerse rico se ve atacado e incluso perseguido, y finalmente termina siendo salvado por las nuevas políticas, y puede seguir realizando las actividades económicas con tranquilidad, tal como el campesino Jiang Maofu en la película 《月亮湾的笑声》 "Risas en Yueliangwan".

Sean intelectuales, veteranos o gente común y corriente, el giro de su vida siempre está relacionado con la aplicación de las nuevas políticas o las instrucciones de los comandos superiores que representan la justicia, mejor dicho, esas políticas desempeñan el papel del salvador en dichas películas. Por ejemplo, al campesino Jiang Maofu en 《月亮湾的笑声》 "Risas en Yueliangwan" le salva la política que se implementa según la Tercera Sesión Plenaria del Undécimo Comité Central; de la misma manera que a Xu Lingjun en 《牧马人》 "El pastor" y a Luo Qun en 《天云山传奇》 "La leyenda de Tianyunshan" les salva la política de recuperar la reputación de los intelectuales derechistas. Las buenas políticas les llevan la compensación y felicidad a los perseguidos, lo cual hace que una narración sobre una catástrofe política se convierta en un elogio al partido y al país.

Por otro lado, las personas malvadas que traman conspiraciones contra los protagonistas para obtener su propio beneficio siempre reciben el castigo, lo cual repite la estructura binaria de los personajes que tienen las películas de las épocas anteriores. Las personas malvadas en dichas películas no representan ni el partido ni el pueblo, y reciben el castigo por su moral corrupta, desempeñando el papel de los responsables de la catástrofe. El motivo de que las historias catastróficas sean tan populares es porque cuando las personas malas sean condenadas, los espectadores sienten una cierta seguridad, ya que el pueblo está más unido, la sociedad está más segura y pura, y se termina la reflexión sobre la revolución. Se puede notar que esa reflexión sigue siendo muy superficial, porque lo que hace, igual que las películas de las épocas anteriores, es buscar culpables, en vez de reflexionar sobre la esencia del propio movimiento.

Los directores de la tercera generación habían vivido la época de guerras civiles y estaban muy agradecidos con la fundación de la república, por lo tanto, mostraban mucho apoyo a las necesidades políticas del nuevo país. Aunque muchos de ellos fueron calificados como derechistas y sufrieron muchas persecuciones durante la RCC, la creencia socialista, así como el apoyo al partido y al país hacen que su crítica al movimiento político sea muy prudente, y con el objetivo de establecer el fe socialista del pueblo.

4.2. La crítica moderada con tono nostálgico (la cuarta generación)

La infancia y la adolescencia de los directores que nacieron en los años 40 se coincidieron con la época del desarrollo próspero del nuevo régimen. Los ideales, las creencias y las cualidades bondadosas que se destacaron en aquella época afectaron en gran medida a esos directores en su visión mundial, social y estética, lo cual hizo que siempre quisieran poner esos valores en sus creaciones artísticas.

Los directores de nuestra generación somos bastante idealistas. Hemos tenido la infancia y la juventud muy felices que han afectado mucho nuestro estilo artístico. Aunque también hemos presenciado los diez años caóticos, siempre estarán dentro de nosotros los ideales, la confianza, la sinceridad, el romanticismo y otros valores preciosos que aprendimos en los años 50".[19] (Wu, Wang, 1990)

Ese patriotismo hace que su crítica a la RCC parezca más moderada en comparación de los directores de otras generaciones, y en vez de dar la cara directamente a las escenas crueles y sangrientas del acontecimiento político, prefieren repasar la historia con una mente más tranquila y tolerante. Esta mentalidad tiene mucho que ver con la edad que tenían cuando empezaron a rodar dichas películas. Con la edad media que tenían, se volvieron más conservadores, y tendían a sentir nostalgia a la época de su infancia y adolescencia. Por lo tanto, la reconstitución de la época juvenil de forma poética y nostálgica se ha convertido en un complejo de los directores de la cuarta generación. De hecho, su memoria sobre la revolución está estrechamente relacionada con su juventud, por lo que la negación de dicho movimiento les supone el rechazo y el abandono de los ideales y las creencias que tenían en aquella época, lo cual hace que las películas sobre este movimiento que rodaron ellos tengan un toque combinado del sufrimiento y la nostalgia. Por ejemplo, el objetivo original de la película 《我们的田野》 "Nuestro campo" es describir el conflicto entre los ideales de la juventud y la revolución, sin embargo, el tono de la película consiste en el amor profundo al país y la persistencia infinita al ideal. La música suave y las escenas de la naturaleza cubren la película con un toque nostálgico.

A diferencia de la estructura narrativa compuesta por tres partes que emplean los directores de la tercera generación, los directores

---

de la cuarta generación utilizan más la estructura de solo dos partes, es decir, o se evita la vida antes de la revolución y solo se muestran los sufrimientos durante dicho movimiento, tales como lo que hacen en las películas 《小街》 "Calle estrecha" y 《我们的田野》 "Nuestro campo" ; o se omite la vida después del mismo suceso político, y solo se narra la vida feliz antes de la catástrofe y las persecuciones que se sufren durante dicho proceso, tales como las películas 《巴山夜雨》 "Lluvias nocturnas de Bashan" y 《如意》 "Lo que desees" . Además, no aparecen los sucesos políticos emblemáticos, tales como las políticas justas o los jefes superiores honrados, que marcan el giro de la vida de los personajes. En resumen, los temas y los personajes de dichas películas presentan las siguientes características:

- A diferencia de los directores de la tercera generación que sostienen la ideología política y presentan mucha atención en los temas grandes sobre el pueblo chino, el partido y el país, los directores de la cuarta generación optan por los temas sobre la vida cotidiana, mostrando su interés en la recuperación de la humanidad;

- En cuanto a los protagonistas, en comparación con los intelectuales, los veteranos y el pueblo común y corriente que aparecen en las películas de la tercera generación, en las películas que hacen los directores de la cuarta generación se reduce al grupo de las personas comunes y corrientes que en su mayoría no son las víctimas directas de la revolución, sino gente con carácter humanitario que está alrededor de esas víctimas. Dichas personas no disponen de la personalidad heroica como los protagonistas de las películas de la tercera generación, sino que es gente humillada que tiene sus defectos y escrúpulos;

- Además, la tragedia que se produce en dichas películas no se debe a las personas malvadas o las políticas injustas, sino una serie de calamidades naturales y accidentes imprevistos. Por ejemplo, el trabajador veterano Shi Yihai en la película 《 如 意 》 "Lo que desees"falleció por un ataque al corazón, y la joven intelectual Han Qiyue murió por el incendio del bosque. Todo eso hace que el destino trágico de los personajes se separe de los desastres políticos causados

por el hombre, y de este modo limita la influencia que puede causar la política en la vida de las personas comunes y corrientes, suavizando la crítica a la RCC.

A diferencia que las películas dirigidas por los directores de la tercera generación en las que las situaciones políticas condicionan el giro de la vida de los personajes, en las películas rodadas por los directores de la cuarta generación, el factor político deja de ser lo único que domina al pueblo, y se percibe el despertar de la conciencia individual, lo cual muestra que el foco de reflexión sobre la Revolución ha pasado del ámbito político a centrarse en el ámbito humanitario.

Capítulo IV: Las películas chinas de la tercera etapa

1. La situación política, económica e ideológica de la década de 1990

A partir de los años 90, se produjo en la sociedad china una corriente de interpretar la RCC desde nuevas perspectivas, lo cual estaba muy asociado con la situación económica e ideológica en que se encontraba el país en aquel momento. La década de los 90 llegó acompañada por la prosperidad de la economía de mercado y el final del movimiento de la Ilustración. El rápido crecimiento económico de los años 90 está relacionado con la inspección que hizo Deng Xiaoping en el sur de China en el año 1992, durante la cual dio discursos transcendentales sobre aplicar firmemente la línea básica del partido, que consistía en "un centro y dos puntos básicos" [20], seguir firmemente el camino del socialismo con peculiaridades chinas, aprovechándose de las oportunidades de forma firme e inconmovible, con el fin de acelerar los pasos de la reforma y apertura, y concentrar energía para desarrollar la economía, entre otras pautas. También implantó una serie de orientaciones y políticas que dejaron una influencia significativa en la sociedad china hasta la actualidad, entre las cuales se encuentra el régimen que permite primero el enriquecimiento de una zona y su población, con el fin de motivar al resto de las zonas para conseguir posteriormente su

---

20   "Un centro y dos puntos básicos", fue planteado como la línea fundamental del partido en el XIII Congreso Nacional del Partido, con el objetivo de construir un socialismo con peculiaridades chinas en su etapa primaria."Un centro"consiste en tomar la construcción económica como tarea central, y los dos"puntos básicos"se refieren a los cuatro principios fundamentales y a la reforma y la apertura. En el XV Congreso Nacional se afirmó que estos dos puntos constituían la base de la construcción de China y el camino para realizar el fortalecimiento del país, y en el XVII Congreso Nacional se resumió que dicho centro era lo primordial en cuanto a la revigorización de China.

enriquecimiento, y así alcanzar gradualmente una prosperidad conjunta; así como la creación de zonas económicas especiales y la definición de la política estatal básica de apertura al mundo exterior. Dichas políticas estratégicas iniciaron un nuevo período en China, promoviendo en gran medida el desarrollo de la economía del mercado, e impulsando enérgicamente el proceso histórico de la reforma y apertura.

El rápido crecimiento de la economía y las reformas económicas orientadas al mercado cambiaron en gran medida el sistema de la sociedad china, promoviendo el desarrollo de la cultura consumista en la que generar ganancia se convirtió en una meta social. Prosperaron los elementos, tales como los programas de televisión, los libros, el cine, la publicidad, las revistas, etc. que estaban casi ausentes en las épocas anteriores. Los medios se convirtieron en el instrumento principal para transmitir la cultura.

El avance económico también condujo al cambio ideológico. Durante los años 80, debido a la creencia de que la RCC se originó en la sociedad feudal, se negaban en todo el país las tradiciones ancestrales, al mismo tiempo, el desarrollo y las reformas se convirtieron en las tareas principales de la sociedad que ansiaba llevar a cabo el proceso de modernización. La reanudación de los intercambios con Occidente después de la revolución hizo que los países occidentales se convirtieran en el único criterio de la modernización que representaba el sueño y la esperanza. Los intelectuales chinos de aquella época consideraban que el nivel económico del país equivalía al nivel de modernización, y abogaban por construir un país fuerte y democrático según el criterio cultural y el valor de Occidente.

Entrando a mediados de la década de los 90, el desarrollo económico desvaneció gradualmente la preocupación del pueblo chino de quedarse por detrás de los países occidentales a nivel socio-económico. Dicha nación oriental, teniendo más confianza en sí misma, en vez de considerar el mundo occidental como el único criterio de la modernización, empezó a contemplarlo desde nuevas perspectivas, incluso criticando los defectos del sistema capitalista. Sin embargo, al mismo tiempo que se debilitaba la admiración por el mundo occidental, la prosperidad de la economía del mercado chino también ocasionó la crisis de confianza en el sistema socialista, incitando los deseos de perseguir la riqueza y la libertad por toda la sociedad. Para resolver dicho problema, el partido necesitaba un instrumento para restablecer la confianza en el socialismo y unir a todo el pueblo. Influenciado por el nacionalismo que prevalecía en el escenario mundial después de la guerra fría, el pueblo chino también comenzó a revindicar las costumbres y tradiciones antiguas que fueron excluidas en la época anterior, considerando la civilización tradicional china y su visión del mundo como la mejor solución para problemas sociales que existían en la civilización mundial moderna.

De este modo, el nacionalismo extendió su presencia de forma rápida en los ámbitos políticos, económicos y culturales en la sociedad china a partir de los años 90, y condujo a la aparición del poscolonialismo, el cual niega el hecho de considerar la historia occidental como la historia estándar, situando el foco en el desarrollo de su propio país. Según el poscolonialismo, la ansiedad por la modernización se debía al miedo de quedarse por detrás de los otros países, y el proceso de la modernización que estaba experimentando China era en realidad un proceso motivado por Occidente, o incluso, un proceso de "colonización indirecta" . Durante la reflexión sobre la modernidad que rige la historia moderna y contemporánea china, surgió una tendencia que se centraba en el valor propio del país, exigiendo la recuperación de la identidad del pueblo chino. Empezaban a valorar más la historia de su propio pueblo, con la creencia de que la "historia estándar" fue una manipulación del mundo occidental. Por ese motivo tuvo lugar la reinterpretación de la RCC, considerada como una historia creada por la propia nación china e incompatible con la "historia estándar".

El desarrollo económico sentó las bases del nacionalismo, restauró la autoestima nacional, e hizo una gran contribución a la transformación del pensamiento que tenía el pueblo chino, al mismo tiempo condujo a la expansión del consumismo y lo convirtió en una nueva cultura que predominaba en la sociedad china. Antes de los años 90, los intelectuales fueron los que guiaban el rumbo de la cultura china, sin embargo, debido a la rápida expansión de la cultura de consumo, la posición social de los intelectuales se vio cada vez más deteriorada. Frente a dicha situación, algunas personas señalaban que el consumismo había comercializado y secularizado la cultura humanista, y que los intelectuales debieran asumir la responsabilidad de recuperar la pureza de dicha cultura; mientras que otras personas apoyaban la cultura de consumo, sosteniendo que la comercialización podría ofrecer una nueva salida a la cultura china.

Apareció dentro de dicha diferenciación ideológica la tendencia de la nueva izquierda, que se distinguía con el poscolonialismo en algunos aspectos, pero que coincidía en el tema de criticar la modernidad que perseguía la sociedad china durante los años 80 y de buscar la identidad del pueblo chino, por lo tanto también contribuyó en la reinterpretación de la historia de China. La mayoría de los miembros de la nueva izquierda estaban en su adolescencia cuando se produjo la revolución, y no participaron directamente en el movimiento. Una gran parte de ellos estudiaron en los países extranjeros sobre los pensamientos marxistas, y se dedicaron al análisis y reflexión del socialismo chino. Sostenían que los pensamientos del entonces líder supermo no eran lo opuesto de la modernidad, sino otro tipo de modernidad que se distinguía de la occidental, y según los mismos eruditos, la RCC no se debía ser considerado un error político porque contenía muchos valores positivos.

La aparición del nacionalismo, el poscolonialismo y la nueva izquierda muestra que la década de los años 90 se destacaba por la diferenciación ideológica, la cual estaba muy relacionada con el avance económico, la restauración de la autoestima nacional, y el cambio de la valoración al mundo occidental. Todos estos factores promovieron la aparición de la nueva interpretación de la RCC, ofreciendo nuevas perspectivas para revaluar dicho movimiento.

2. La representación de la RCC en el cine chino en la era del mercado

La economía del mercado que prosperó en la década de los años 90 inició una etapa de multivalores. La diferenciación ideológica rompió la interpretación unitaria sobre la RCC que prevalecía en las épocas anteriores. El cine sobre la revolución también recibió la influencia de la cultura de consumo y experimentó un cambio enorme en cuanto al tono, los temas, la creación de los personajes, el diseño del argumento, etc. En resumen, las películas que se hicieron a partir de los años 90 se destacan por las nuevas interpretaciones diversificadas sobre la revolución, la comercialización y la secularización de dicho movimiento, así como el tono nostálgico a los sucesos históricos, etc.

2.1. La cultura de consumo y la evasión de la responsabilidad política

Durante los años 80, con el objetivo de poner en orden la situación caótica en la que se encontraba el país y restablecer la confianza en el socialismo y en el partido, era imprescindible tener la responsabilidad política para reflexionar sobre los errores que habían cometido, deshacerse de las influencias negativas de la revolución, así como fijar nuevas metas políticas que redirigen el rumbo social. Por lo tanto, en las películas rodadas durante esa época, aparecen con mucha frecuencia los diálogos entre los personajes, tales como "Es precioso el deseo de realizar el comunismo. Estoy completamente seguro de que nuestro partido va a triunfar" ; "No importa la catástrofe de los diez años, ni los sufrimientos individuales" ; "Estamos preparados a sacrificar nuestra juventud para el honor de nuestro país" [21] ... En dichas conversaciones se observa el valor colectivo que regía la sociedad de aquella época, el cual sirvió como elemento que unió a todo el pueblo, reflejando la responsabilidad política que sentían los directores de curar las heridas causadas por la revolución, restablecer el orden social y la confianza en el socialismo.

A partir de los años 90, el desarrollo de la cultura popular debilitó en gran medida la consciencia política del pueblo, haciendo que los ciudadanos, sobre todo los intelectuales, dejaran de enfocar completamente su vida en los intereses políticos del país. Frente a más posibilidades que permitían disfrutar de la vida por distintos medios, la gente dejó de vivir solamente por las metas políticas, y empezó a perseguir objetivos de la vida más variados. Sin embargo, ese nuevo cambio social también conllevaba sus desventajas. Por ejemplo, muchas obras artísticas se volvieron más superficiales, y solo se dedicaban a producir efectos visuales más impactantes para conseguir más público, adquiriendo paulatinamente una forma muy nimia y personal que tenía el objetivo de evadir las responsabilidades sociales e históricas, dejando atrás su función inspiradora y reflexiva.

En comparación con las películas que se hicieron durante los años 80, las que se rodaron en la década de los 90 disponen de más valor artístico y mejor calidad técnica. Las imágenes son más nítidas, los efectos de sonido son más realistas, los argumentos tienen más coherencia, etc. Los directores de estas películas no se preocupan por buscar a los culpables de la catástrofe política, diseñando intencionadamente conflictos entre los héroes y los villanos; ni se dedican a describir de forma minuciosa las persecuciones y los sufrimientos que experimentan las personas inocentes durante

---

21 Diálogos de la película 《剑魂》 "El espíritu de la espada"(Director: Zeng Weizhi, 1981).

la revolución para revelar las heridas más profundas que causó dicho movimiento. Ellos no pretenden someter a juicio el suceso histórico, sino que simplemente se ponen en el lugar del espectador, observando la historia sin emitir juicios; o se aprovechan de la revolución, como un movimiento político delicado en la sociedad china, con la finalidad de atraer más público y realizar sus objetivos comerciales.

Por ejemplo, en la película 《阳光灿烂的日子》 "Días soleados", la historia del movimiento político es contada a través de la perspectiva de un adolescente inocente con un tono irónico. Vemos en dicho largometraje escenas sobre la RCC en las que los alumnos montaban jaleos en la clase, golpeando las mesas, provocando peleas en grupo. También percibimos muchos elementos "antimorales" que no existen en las cintas anteriores, por ejemplo, los jóvenes se burlaban de la generación de sus padres que se comportaban con seriedad y prudencia, y el general viejo veía la película occidental "venenosa" en compañía de su mujer joven, bella y seductora… Todas esas escenas convierten un movimiento político catastrófico y serio en una serie de juegos juveniles que sirven para satisfacer la curiosidad de los espectadores sobre el movimiento misterioso que terminó hace más de diez años, lo cual hace que la gente deje de reflexionar sobre la Revolución, y que solo se fije en los factores superficiales.

En las películas 《小芳的故事》 "La historia de Xiao Fang", 《长大成人》 "Hacerse adulto", 《芳香之旅》 "Un viaje agradable", 《山楂树之恋》 "Amor bajo el espino blanco", la revolución se convierte en un fondo histórico en que se producen historias ajenas a dicho movimiento, en otras palabras, el movimiento que aparece en estas cintas, representada por una serie de elementos revolucionarios típicos, tales como los retratos y las esculturas del líder político, las altavoces que informan de las noticias políticas, el uniforme militar que llevan los jóvenes revolucionarios, etc., cumple la función principal de marcar las historias, las cuales pueden suceder perfectamente en cualquier época histórica, en un entorno políticamente misterioso para llamar la atención del público, satisfaciendo sus curiosidades sobre dicha época tabú de la historia china.

El consumismo que regía la cultura de los años 90 borró el límite entre el arte y la vida cotidiana. El pueblo se conformaba con el entretenimiento que le ofrecía la cultura popular, en la cual la política se terminó quedando en la periferia. La gente común y corriente optaba por alejarse de las responsabilidades políticas e históricas, considerando la política como el deber de una minoría del pueblo, lo cual, de hecho, constituye el resultado natural del desarrollo económico y social. Sin embargo, al mismo tiempo que se desvanecían los efectos negativos de la política, la parte seria de dicho aspecto social también se convirtió en el objeto de burla. Muchos investigadores opinan que para un país en el que la política siempre había desempeñado un papel predominante durante toda la historia, no era una decisión sensata dejar de lado las reflexiones sobre los sucesos históricos para esquivar las responsabilidades políticas.

2.2. El tono nostálgico

A causa del desarrollo multivalor de la sociedad en los años 90, la producción de las películas que tratan el tema de la RCC se encontraba en una situación muy desfavorable. Por un lado, debido al avance económico y el cambio ideológico que experimentaba la sociedad china, así como la censura estricta que se implementaba, la cantidad de las películas sobre dicho tema se redujo bastante en comparación con los filmes que se hicieron en los años 80, y por otro lado, la calidad de los productos también descendió notablemente, ya que muy pocas películas terminaron teniendo éxito. Además de eso, la expansión del individualismo y la diversificación de valores que conllevaba la economía de mercado debilitaron en gran medida la consciencia política del pueblo, por lo que la RCC corría el riesgo de ser olvidada, sobre todo por la generación más joven, nacida en las décadas de 1980 y 1990, quienes eran extremadamente ignorantes que consideraban la revolución como un movimiento que no tenía ninguna relación con ellos, ni con la época en la que vivían.

Xu Ben (2005), quien sostiene las ideas del liberalismo, señala que la otra cara de la ignorancia y la indiferencia hacia la historia consiste en la comercialización y el entretenimiento de la propia historia, lo cual se ve muy bien reflejada en la explotación comercial de todos los símbolos relacionados con la revolución, por ejemplo, la colección de los objetos antiguos de dicho movimiento con fines comerciales; la divulgación de las canciones revolucionarias; así como en la popularización del turismo en las zonas características de la revolución, etc. La crisis que sufre la memoria de dicho movimiento también se manifiesta por el hecho de que, hasta ahora, solo han sacado al público varios museos comerciales, y nunca se ha fundado ningún museo que enseña la memoria histórica seria de este movimiento político. De modo que el hueco que deja la cultura formal lo termina rellenando la cultura popular comercial. La memoria de la RCC se vuelve cada vez más insignificante, convirtiéndose poco a poco en un pasatiempo.

El investigador Tao Dongfeng, en su análisis sobre la tendencia de la secularización, afirma que "durante el proceso de la secularización, se resaltan inevitablemente el deseo del pueblo de obtener la felicidad de la vida; la diversificación, la comercialización y la tendencia de consumismo que experimentan las actividades culturales; así como el reforzamiento de sus funciones de entretenimiento" (1996: 138). Bajo la influencia de dicha tendencia secular y la presión de la taquilla, las películas optaron por satisfacer las necesidades del mercado, añadiendo factores nostálgicos y sobre todo el tema del amor que ganaban fácilmente al público. En los largometrajes, tales como 《小芳的故事》 "La historia de Xiaofang",

《阳光灿烂的日子》 "Días de sol", 《长大成人》 "Hacerse adulto", la comercialización y la diversión, siendo los principales objetivos de los filmes, se manifiestan a través de los factores típicos que hemos mencionado anteriormente, tales como la nostalgia, el amor, y el reconocimiento de los sentimientos mundanos.

La nostalgia de la historia sirve para reconstruir el significado de la vida presente, revelar los problemas existentes en la realidad, y restablecer los criterios y valores para la sociedad actual. Sin embargo, por causa de la influencia de la cultura de consumo, la catástrofe política se convirtió en el símbolo que representaba las memorias felices y los sentimientos afectuosos.

Por ejemplo, en la película 《小芳的故事》 "La historia de Xiaofang", la RCC adquiere un toque tierno, en la cual no se ven los símbolos típicos de la revolución. Todo el recuerdo que tiene el protagonista sobre dicho movimiento es su amor hacia la chica bella que se llama Xiaofang. Y es justamente este lindo recuerdo lo que le inspira para crear la canción famosa "Xiaofang", que más tarde le cambia completamente la vida. Además, las relaciones personales sencillas y amables que se presentan en la película hacen un contraste obvio con la hipocresía que prevalecía en la sociedad de aquel entonces, lo cual hace que el público tenga una actitud más tolerante con respecto a dicho movimiento.

Con el paso del tiempo, la RCC pasó de ser una cuestión histórica seria a convertirse en un tema popular que cumple las funciones comerciales y de entretenimiento. En realidad, lo que se escondía detrás del consumo de la revolución era la angustia mental y la vaciedad espiritual, por lo que las personas de mediana edad y los mayores se aprovechaban de dicho movimiento para añorar su juventud perdida, mientras que los jóvenes lo consideraban como una anécdota que podría satisfacer sus curiosidades. Aunque se trata de un proceso natural el desvanecimiento de la memoria sobre la revolución, algunos investigadores sostienen que "siendo un movimiento que dejó graves consecuencias sociales, su descripción debe tener un límite, el cual consiste en admitir que la RCC fue una calamidad que condujo a muchas muertes y pérdidas. Tenemos que asumir siempre la responsabilidad histórica y social para remodelar el espíritu nacional" [22] (Yu, 2011).

3. La RCC desde la perspectiva de los directores de la quinta generación

En el libro 《中国现代思想史论》（ "Sobre la historia del pensamiento moderno chino"), el erudito, filósofo e historiador chino, Li Zehou, divide a los intelectuales chinos de la historia en seis generaciones: la generación de la Revolución de Xinhai[23] (la Revolución de 1911), la generación del Movimiento del Cuatro de Mayo[24], la generación de la Expedición del Norte[25], la generación de la Guerra antijaponesa, la generación de la Revolución china de 1949, y la generación de los Guardias Rojos. La última generación nacieron a finales de la década de 1940 y a principios de la década de 1950, y estaban en su plena adolescencia cuando se produjo la RCC. Muchos de ellos empezaron a tener éxito en el ámbito del cine en los años 70 y 80, y son reconocidos como los directores de la generación de los Guardias Rojos[26]. Hay que aclarar el hecho de que esos directores,

---

22   Traducción propia.

23   La revolución de Xinhai (Revolución china de 1911) que ocurrió el 10 de octubre de 1911 puso fin a la última dinastía china, la dinastía Qing, y posteriormente se fundó la República de China.

24   El Movimiento del Cuatro de Mayo fue un movimiento social que lanzaron los estudiantes en la Plaza de la Plaza de Tian'anmen el 4 de mayo de 1919, protestando contra condiciones humillantes del Tratado de Versalles que se le impusieron a China después de que terminó la Primera Guerra Mundial.

25   La Expedición del Norte que tuvo lugar entre 1926 y 1927 fue un movimiento militar que realizó el Ejército Nacionalista Chino en contra de los caciques militares del norte con el fin de lograr la reunión de todo el país.

26   La quinta generación de directores se refiere al grupo de directores que se graduó de la Academia de Cine de Beijing a principios de la década de 1980. Los principales representantes son Zhang Yimou, Chen Kaige y Tian Zhuangzhuang. Sus obras representantes sobre la RCC son: 《霸王别姬》 "Adiós a mi concubina" （Chen Kaige, 1993）, 《活着》 "Vivir" （Zhang Yimou, 1994）, 《山楂树之恋》 "Amor bajo el espino blanco" （Zhang Yimou, 2010）, 《归来》 "Regreso a casa" （Zhang

aunque forman parte de la sexta generación de intelectuales, también pertenecen a la quinta generación de directores, cuyas obras se destacan por la búsqueda de nuevas técnicas artísticas y nuevos pensamientos, junto con el empleo de los elementos subjetivos y simbólicos.

En comparación con los directores de otras generaciones, los directores de la quinta generación tienen una experiencia de vida muy especial. La época turbulenta en la vivían durante su infancia les hizo tener una personalidad profunda y serena. Después de que terminó la RCC, la mayoría de ellos entraron en la Academia de Cine para recibir formación profesional que les permitió conocer las últimas tendencias del arte y la filosofía occidental. La rica experiencia de vida, los conocimientos profesionales sólidos y los amplios horizontes culturales les han favorecido mucho en sus creaciones artísticas. Su forma de contar las experiencias de la revolución y la reflexión filosófica que se deriva de dichas experiencias siguen siendo muy estudiadas hasta hoy en día. De hecho, la RCC siempre ha sido el tema principal que abordan las películas de dichos directores, puesto que la experiencia de ser Guardias Rojos y de participar en el movimiento de "subir a las montañas y descender a los pueblos" les han dotado de una visión reflexiva y crítica sobre dicho movimiento.

3.1. La estructura crónica y el efecto épico

En cuanto a la estructura de las películas, los directores de la quinta generación han heredado la estructura crónica que se suelen emplear en los libros históricos tradicionales, utilizando el orden cronológico para crear narraciones crónicas. Por ejemplo, en la película "La cometa azul" , los sucesos históricos, tales como las alianzas entre los sectores públicos y privados después de la fundación de la república, el Movimiento de la Rectificación de

---

Yimou, 2014) .

Yan'an[27], el Movimiento antiderechista, el Gran Salto Adelante[28], y la RCC, entre los otros, aparecen en la película de forma cronológica por medio de la radio, los mensajes y los diálogos. En el largometraje 《霸王别姬》 "Adiós a mi concubina", se utilizan los subtítulos para introducir los entornos históricos correspondientes, igual que la película 《活着》 "Vivir" en la que se emplea la forma de los subtítulos para especificar las fases históricas. Mediante el orden cronológico, los directores intentan hacer un registro panorámico completo y continuo de la sociedad china, con el fin de presentar a los espectadores la memoria histórica de la nación, y de este modo, se explica con precisión los antecedentes históricos y los entornos sociales en que se encuentran los personajes y las actividades que realizan.

(Figuras 43, 44, 45 y 46: Los subtítulos que indican la época histórica en la película 《活着》 "Vivir")

---

27   El Movimiento de la Rectificación de Yan'an, también conocido como Zhengfeng, fue el primer movimiento ideológico de masas que provocó el Partido Comunista Chino. El objetivo principal de esa campaña era transmitir la base básica de la teoría marxista y los principios leninistas sobre la organización del partido a miles de nuevos miembros que se habían unido al partido. El otro objetivo de dicho movimiento consistía en eliminar las imitaciones ciegas de los modelos soviéticos, así como la obediencia a sus directivas.

28   El Gran Salto Adelante fue un movimiento económico, social y político, con el fin de lograr la transformación de la economía tradicional agraria de la sociedad china mediante una colectivización e industrialización rápida e intensa.

China es un país que toma muy seriamente en cuenta el registro de la historia, de hecho, en todas las dinastías había puestos oficiales dedicados a registrar y compilar la historia. Esa tradición social ha favorecido mucho a las creaciones artísticas en cuanto a la adaptación y la interpretación de los hechos históricos. Las películas de los directores de la quinta generación, influenciadas por dicha tradición, abarcan una cobertura de etapas históricas muy amplia, creando un efecto épico.

Por ejemplo, la película《活着》 "Vivir" presenta el cambio de la vida que experimenta la familia de Fugui durante los 30 años transcurridos, con el objetivo de revelar la influencia dominante que ejerce la política en la gente común y corriente. La historia que se presenta en la película pasa por cuatro épocas, que son la década de 1940, la de 1950, la de 1960 y la época posterior de 1960. Los años 40 estaban llenos de guerras y batallas intrincadas. Poco tiempo después de que terminó la Guerra antijaponesa, se produjo la Guerra civil (1945-1949). En el mismo año en que se acabó la Guerra civil, se fundó la República Popular China. En la década de 1950 tuvieron lugar el movimiento del Gran Salto Adelante y la Reforma agraria (1958-1960). El Gran Salto Adelante entró en fracaso poco tiempo después de su inicio, lo cual condujo, en cierto modo, al comienzo de la RCC que duró diez años. A finales de la década de 1970, el gobierno chino empezó a aplicar las políticas de la reforma y apertura que abrieron una nueva etapa histórica en el país.

Mientras transcurrían distintas etapas, Fugui y su familia también experimentaban diversos giros en su vida. La vida de Fuigui se puede dividir en cuatro fases: desde su nacimiento hasta los años 40; desde mediados de los años 40 hasta mediados de los años 50; desde mediados de los años 50 hasta los años 70; y, finalmente, la época posterior a los años 80.

La década de 1940 supone una época despreocupada y feliz para Fugui, puesto que siendo el hijo del terrateniente, tenía todos los recursos para vivir una vida de lujo. Se puede decir que esta etapa es equivalente a la infancia de dicho personaje, porque era inmaduro y no sabía asumir las responsabilidades de la familia, a pesar de haberse casado y tenido hijos. Lo único que hacía era causar problemas para fastidiar a la familia.

El primer giro de su vida se produjo cuando murió su padre, la fuente de sus recursos económicos. Más tarde su mujer lo abandonó, porque no dejó de ser irresponsable, arruinando la familia con el juego de apuestas. Debido a la desaparición de las personas que lo protegían y lo cuidaban, Fugui se vio obligado a ganarse la vida por su propia cuenta. En esta fase experimentó por primera vez lo dura que era la vida para una persona común y corriente, y de tal manera se maduró y consiguió que volviera a casa su mujer, con la cual empezó a afrontar la vida conjuntamente, convirtiéndose en un matrimonio unido. Esta fase equivale a la juventud de Fugui, en la cual empieza a madurar y asumir las responsabilidades de la familia.

La mediana edad de la pareja estaba llena de calamidades. Primero, Fugui fue reclutado por el ejército de manera forzada, luego murió su madre, y su hija se quedó sorda a causa de una enfermedad que padecía cuando era pequeña. Posteriormente se le murió el hijo por accidente, y unos años después la hija también murió durante el parto. Al final solo quedó el nieto que les acompañaba, el cual les suponía la esperanza y la continuidad de la vida. A pesar de que habían vivido muchas tragedias, Fugui y su mujer seguían manteniendo una actitud positiva, soñando un futuro mejor.

Los altibajos que sufrió la familia de Fugui en las distintas épocas se hacen eco de las vicisitudes que experimentaba el país en las etapas históricas respectivas. En realidad, la familia de Fugui es un microcosmo de todo el pueblo chino de aquel entonces que se esforzaba para sobrevivir y seguía con la esperanza de vida a pesar de las calamidades que había sufrido.

Igual que 《活着》 "Vivir" , la película 《霸王别姬》 "Adiós a mi

concubina" también muestra la historia del país durante el siglo XX a través de las experiencias de vida de los tres personajes, mientras que el film "La cometa azul" cuenta el impacto que produce una serie de movimientos políticos en una familia humilde por medio de la memoria que reconstruye el pequeño protagonista. Todas estas películas tratan los grandes temas, tales como el destino de la nación, la relación entre el pueblo y el país, etc., lo cual aumenta el efecto épico de dichas obras.

3.2 Una generación con experiencias más directas de la RCC

Como hemos mencionado anteriormente, los directores de la quinta generación nacieron alrededor de la fundación de la República Popular China, y crecieron junto con el nuevo país. La mayoría de ellos sirvieron como Guardias Rojos, más tarde participaron en el movimiento de "subir a las montañas y descender a los pueblos" , mientras que sus familias sufrieron diferentes niveles de persecución durante la revolución. Desempeñaron múltiples papeles en ese movimiento social: fueron al mismo tiempo participantes, autores de los actos violentos y víctimas.

Entre dichos directores, Chen Kaige es el tiene más obras sobre el tema de la revolución. La experiencia revolucionaria que tuvo en su adolescencia, tales como tener la casa confiscada y empujar a su padre, humillándolo en público en la sesión de lucha, etc., dejó tantas huellas en su vida posterior que escribió en su autobiografía confesando:

> *Cuando tenía 14 años, ya había aprendido cómo traicionar a mi padre. ¿Pero cómo pude hacerle eso? Se me saltaron las lágrimas... Cuando un hijo le estaba haciendo daño a su padre, lo que recibió eran las risas del pueblo. Qué clase de pueblo es éste... Me hice cómplice de este pueblo a costa de perder a mi padre. (Chen, 2009: 33)*

Debido a todas esas experiencias dolorosas que tenía cuando era joven, en las películas de Chen Kaige es muy frecuente el tema de la traición, por ejemplo, la traición a la cultural tradicional que aparece en la película 《孩子王》 "Rey de los niños" [29], o la traición a la mujer por parte del esposo, y la del hijo a su madre, incluso la del pueblo al país que se presentan en la película 《霸王别姬》 "Adiós a mi concubina".

Todas estas experiencias han dotado de una visión más completa sobre la revolución a los directores de esta generación. Se perciben en sus películas tanto la reflexión sobre la sociedad china en la época revolucionaria, como la confesión sobre los errores que cometieron durante dicho movimiento, así como cierta nostalgia de su juventud revolucionaria que en su momento les suponía la fe y la esperanza. Según estos directores, quienes tuvieron contacto con las personas de la clase social más baja en la revolución, no solo ellos mismos estaban inmersos en el sufrimiento, ni la generación suya, sino todo el pueblo.

> *Hemos tenido la oportunidad de conocer a la clase social más baja y compartir sus sufrimientos, esperanzas y anhelos. Nos damos cuenta de que el pueblo al que conocemos no tiene lágrimas, y la mayoría de ellos no se queja. Cuando dejemos de criticar su ignorancia y atraso, descubriremos la vitalidad obstinada que tienen ellos. (Chen, 1985)*

Debido a dicho conocimiento al pueblo que se mantenía en silencio frente al dolor, estos directores desarrollaron una nueva perspectiva con respecto al sufrimiento individual durante la revolución, como Chen Kaige manifestó:

> *Sea cual sea la época, y da igual si son personas comunes y corrientes o gente famosa, cada uno tiene que enfrentarse al dolor que marca su actualidad.*

---

29   La película 《孩 子 王》 "Rey de los niños"(1987), dirigida por Chen Kaige, cuenta la historia de un joven intelectual que participó en el movimiento de"subir a las montañas y descender a los pueblos"y trabajaba de profesor en un colegio que estaba en una granja. Sin embargo, fue despedido por haber enseñado el contenido que no estaba incluido en el plan de estudios, a pesar del hecho de que su forma de enseñanza fue muy bien recibida por los estudiantes.

Si tomamos los sufrimientos y persecuciones como fenómenos normales que suceden en la historia, dejaremos de exagerar la desgracia personal y de quejarnos sobre las injusticias, y podremos afrontar la vida con valor. (Chen, 2006)

Igual que Chen Kaige, el director Zhang Yimou también manifestó que en vez de reiterar repetidamente la desgracia personal, habría que considerarla como un destino inevitable de todas las épocas. Esta visión de evaluar el sufrimiento individual mediante un nuevo criterio hace que la reflexión de la revolución por parte de dichos directores sea más profunda e ilimitada que la de las épocas anteriores.

3.3. El abandono del papel de los culpables y los salvadores

El revelación de los culpables de la revolución y su condena constituyen un tema de suma importancia en las películas de las épocas anteriores. Como lo que hemos mencionado en los apartados previos, los largometrajes de distintas épocas siguen un modelo diferente con respecto a dicho tema: en las películas tipo, los culpables son los individuos que siguen la vía capitalista para sabotear el desarrollo del socialismo; en las películas de la época de la reflexión, la "Banda de los cuatro" se convierte en los culpables que habían manipulado la revolución. Al final de los filmes, por la necesidad de restablecer la confianza en el socialismo, los culpables siempre terminan por ser condenados de una forma u otra: los seguidores de la vía capitalista son juzgados o educados por el pueblo revolucionario, y la "Banda de los cuatro" es derribada por el partido socialista.

En las películas dirigidas por los directores de la quinta generación, se abandona por completo la búsqueda de los culpables, es decir, dejan de echar la culpa de la tragedia revolucionaria a un grupo determinado de personas, e intentan interpretarla desde otras perspectivas. Tampoco aparece en dichos largometrajes el papel de los salvadores, que son fundamentales en las películas anteriores, sean los símbolos de la tierra, la madre o el pueblo que protegen a las víctimas (símbolos característicos en las películas tipo), o las personas comunes y corrientes con virtudes bondadosas que ayudan a las personas perseguidas (en las películas de los años 80). La típica estructura binaria de las personas buenas y las malvadas queda completamente fuera de las cintas, y se presenta ante los espectadores un pueblo que parece un conjunto, cuya vida se ve afectada por la situación política turbulenta, y lo único que quiere es mantenerse alejado de las perturbaciones para vivir tranquilamente. Se trata de un pueblo que se mantiene silencioso frente al gran dolor y sufrimiento. No buscan culpables que causan sus sufrimientos, ni tienen a los determinados salvadores a los que pueden acudir.

Al abandonar el papel de los culpables y los salvadores, los directores de la quinta generación pretenden dar otra explicación a la tragedia que sufre la gente común y corriente durante la revolución, una explicación que sea convencible para los espectadores que se sienten más ajenos de dicho movimiento. Muchos de ellos optan por dotar de coherencia a la tragedia revolucionaria a través de la perspectiva del destino, algo predefinido que priva a los personajes de las posibilidades de acudir a las ayudas, colocándoles en una posición pasiva donde se ve impotente frente a la realidad dura, y no tiene otro remedio que someterse a su destino y aceptarlo con serenidad.

La película "La cometa azul" se enfoca en las influencias que tienen los diversos movimientos políticos en una familia común y corriente. La historia principal, contada por un niño llamado Tietou en forma de recuerdos, consiste en los tres matrimonios fracasados de su madre, Chen Shujuan, los cuales se coinciden con tres movimientos políticos respectivamente. El primer matrimonio se produjo durante el movimiento antiderechista. El marido, Lin Shaolong, fue calumniado de derechista, y murió aplastado por un árbol en el campo de "reeducación" . El segundo matrimonio tuvo lugar durante el Gran Salto Adelante. El compañero de Lin Shaolong, quien contribuyó su muerte por escribir la carta de delación y se sentía culpable, decidió asumir la responsabilidad de cuidar a Tietou y su madre. Pocos años después, murió por exceso de trabajo. El tercer matrimonio se coincide con la época de la RCC. El marido Wu Leisheng, alto funcionario del partido, fue perseguido por los Guardias Rojos y murió por ataque cardíaco.

Los tres matrimonios reflejan el espíritu que tiene Chen Shujuan de luchar contra las injusticias y su deseo de tener una vida tranquila, sin embargo, se ve impotente frente la realidad dura, y acaba rindiéndose. Ese destino trágico de ella y de los otros personajes se manifiesta por medio de una serie de metáforas a lo largo de la película, una de las cuales reside en la cometa que constituye el eje del largometraje. La cometa parece ser un objeto libre que puede volar alto en el cielo, sin embargo, siempre está bajo el control de un hilo, lo cual simboliza el destino de la gente común y corriente, quienes pueden hacer planes de su propia vida, pero siempre están condicionados por las situaciones políticas y sociales del país. Además, se trata de un juguete frágil y fácil de romper, igual que el pueblo que se encuentra en las turbulencias políticas, que en cualquier momento puede terminar en tragedia.

Frente al entorno político deprimente, el espíritu de luchar que mostraron los personajes también se ve reflejado a través de una cometa. Por ejemplo, en el comienzo de la película, cuando Tietou y sus amigos intentaban sacar la cometa que se quedó enredada en el árbol, el padre de Tietou les dijo que podría hacer uno nuevo si el otro estaba roto; más adelante, cuando la cometa de la nieta de Wu Leisheng se quedó trabada en el árbol, Tietou le dijo que le haría uno nuevo. El hecho de hacer un nuevo cometa si el viejo está roto representa el espíritu de luchar contra la realidad trágica y el anhelo de tener una nueva vida, sin embargo, el padre de Tietou que hizo esa promesa murió, y Tietou tampoco pudo cumplir su palabra a la nieta de su padrastro. El deseo de hacer una nueva cometa se convirtió al final en una pretensión desmedida, lo cual implica la impotencia de la gente común y corriente frente al daño que producen los movimientos políticos. La cometa roto en pedazos colgado en el árbol que aparece al final de la película simboliza la rendición frente al destino, puesto que ya no hay forma de repararlo, ni fuerza para hacer uno nuevo.

Además del cometa, se encuentran otras metáforas que dan pistas del trágico destino de los personajes. Entre estas está la estatuilla del caballo de cerámica que Li Guodong regaló a Chen Shujuan y Lin Shaolong por su matrimonio, el cual se rompió de repente sin ningún indicio, augurando la trágica muerte de Lin Shaolong posteriormente.

La vida de Chen Shusheng, hermano de Chen Shujuan, también constituye una metáfora de la pérdida gradual del espíritu de luchar contra las circunstancias políticas depresivas. Al principio era un hombre valiente que se atrevía a expresar sus verdaderos pensamientos, refutando a las personas que intentaban callarle con la razón de que solo la gente que se preocupaba por el país se sentía responsable de revelar las verdades. Sin embargo, una persona tan despierta que analizaba los problemas del país con profundidad y raciocinio perdió poco a poco la vista, hasta que terminó ciega. Dicho proceso indica el cambio de luchar con valor a rendirse completamente y convertirse en una persona indiferente, igual que el resto del mundo que optaba por mantenerse en silencio frente a las injusticas de la vida.

La RCC que aparece en la última parte de la película adquiere un toque infantil por ser contada desde el punto de vista de un niño. La escena más llamativa consiste en la crítica y humillación pública a la directora de la escuela. Un grupo de jóvenes Guardias Rojos escoltaron a la directora hacia un escenario, mientras que los otros

Parte II
Análisis de las películas occidentales

estudiantes, entre los cuales estaban Tietou y sus amigos, gritaban los eslóganes revolucionarios y la insultaban. Entre los vítores y saltos de alegría de la multitud, le cortaron el pelo rapándola en público.

Esa escena revolucionaria muestra de forma irónica el sentido de la revolución. El líder de los Guardias Rojos mantenía una sonrisa en la cara durante todo el proceso, sintiéndose orgulloso de liderar un acto que somete a la directora de la escuela a juicio, mientras que los demás participantes, unos niñatos que no sabían escribir ni tres caracteres chinos, dedicaban toda su pasión a gritar los eslóganes revolucionarios. Para ellos, la revolución no es nada más que un juego que les saca del ritual aburrido del colegio, y encima es un juego colectivo en que participan todos los estudiantes, por lo que tiene más atracción, y por eso, Tietou le contó a su madre con todo entusiasmo que habían humillado en público a la directora, cortándole el pelo y escupiéndola, como si fuera un acto heroico; y cuando le preguntaron a Tietou sobre cómo estaba la situación de la escuela durante la cena con los familiares, el niño dijo con una cara entusiasmada: "Se han quemado todos los pupitres, pero volvemos al cole todos los días para echar un vistazo, es muy divertido" .

La persecución a Wu Leisheng, el tercer marido de Chen Shujuan, durante la revolución es la última gota que colmó el vaso. Wu Leisheng decidió divorciarse de Chen Shujuan para no envolverla a ella y a Tietou en la persecución, ya que habían puesto en su trabajo muchos Dazibaos para criticarlo, y se veía venir la sentencia final. Poco tiempo después, los Guardias Rojos pusieron los Dazibaos en su casa, llevaron a fuerza a Wu Leisheng a la calle, donde murió por un ataque de corazón, calumniaron a Chen Shujuan por ser antirrevolucionaria, y dejaron medio muerto a Tietou a base de patadas y puñetazos. En la última escena de la película, Tietou estaba tumbado en el suelo, sangrando después de las agresiones físicas por parte de los Guardias Rojos, con quienes gritaban eslóganes revolucionarios, mirando la cometa enredado en el árbol. Ya no había forma de repararlo, igual que su destino de tener una vida rota, irremediablemente.

En la película 《霸王别姬》 "Adiós a mi concubina", las experiencias de los protagonistas también se asocian con el concepto de destino que se ve reflejado en la ópera tradicional china homónima. Dicha ópera fue creada por el gran maestro de la Ópera de Pekín, Mei Lanfang, y fue interpretada inicialmente por Yang Xiaolou y Shang Xiaoyun en 1918 en Beijing. La ópera cuenta la historia de la lucha entre Xiang Yu, quien se autodenominó Xi Chu Ba Wang (gran señor del oeste del reino Chu), y Liu Bang, el fundador de la dinastía Han. Cinco años después de la contienda Chu-Han, Xiang Yu sufrió su última derrota en Gaixian, donde sus ejércitos estaban rodeados por las fuerzas de Liu Bang, creyendo que todo su territorio había sido invadido por los Han al escuchar las canciones de su pueblo desde las líneas Han. En el campamento, le cantó la canción de Gaixian a su amada concubina Yu Ji, y ésta se suicidó después de hacerle la última danza de espadas. Desesperado, Xiang Yu huyó hasta el río Wujiang con 800 jinetes, donde se suicidó cortándose el cuello.

El tema central de la película consiste en la relación entre la ópera tradicional china y la vida real de los protagonistas. Las experiencias del aprendizaje de la ópera que tenía Cheng Dieyi desde pequeño le crearon confusiones sobre su sexualidad, lo cual sentó la base de su identificación con el papel de la concubina Yu Ji cuando se hizo famoso por la interpretación de dicha ópera. Para él, la ópera era equivalente a la vida real, en la cual se enamoró de su compañero de escena, Duan Xiaolou, quien realizaba el papel del Rey Xiang Yu. Los dos aprendieron juntos el arte de la ópera tradicional china en la misma escuela de actores, y su amistad se fortaleció después de que Shitou (Xiaolou) le salvó la vida de Douzi (Dieyi) en múltiples ocasiones.

La persistencia del arte de Dieyi hizo que su sueño consistiera en realizar la ópera junto con su compañero y pareja durante toda la vida, por lo tanto, se produjo la conversación famosa entre los dos cuando Dieyi se enteró de que Xiaolou se había casado a sus espaldas:

- Dieyi: ¿Olvidaste el secreto de nuestro éxito? ¿No recuerdas las palabras de nuestro maestro?

- Xiaolou: ¿Cuáles?

- Dieyi:"Permanezcan juntos hasta el día de la muerte."Quiero que estés conmigo. Quiero decir... Quiero que estemos juntos el resto de nuestra vida para cantar la ópera, ¿podemos?

- Xiaolou: Si nos hemos dedicado la mitad de nuestra vida haciéndolo.

- Dieyi: ¡No es suficiente! ¡Estoy hablando de toda la vida! ¡Un año, un mes, un día, incluso un segundo menos, hace que ya no sea toda una vida!

- Xiaolou: Dieyi, estás demasiado obsesionado. La obsesión es necesaria para la ópera, eso es verdad. Pero si también estás obsesionado en la vida real, ¿cómo logramos sobrevivir en el mundo mundano?

Existen varios factores que determinan el destino trágico de Dieyi, uno de los cuales es su obsesión por la ópera y el papel de realiza; en otras palabras, es la verdadera concubina Yu Ji en la vida real. A parte de eso, la personalidad de Xiaolou fuera de la ópera es otro motivo que conduce al final triste de Dieyi, puesto que es un hombre que distingue de forma muy clara la ópera y la vida real, para el cual, la ópera es simplemente un medio de ganar dinero. En la vida mundana, es un mujeriego que visita con mucha frecuencia un burdel, donde conoció a la prostituta Juxian, y enamorado de ella, Xiaolou liquidó la deuda que tenía Juxian con la dueña del burdel, y se casó con ella. Todo eso hace que la figura de la que está enamorado Dieyi sea solamente una ficción, mientras que su amor hacia Xiaolou es solo un sueño que sobrevive en la ópera.

El conflicto de los tres protagonistas, Dieyi, Xiaolou y Juxian, llegó a su apogeo durante la RCC. La ópera tradicional china estaba prohibida en dicha época, de modo que Dieyi quemó todos los vestuarios de la ópera en la escuela, mientras que Xiaolou y Juxian quemaron todos los objetos relacionados con la ópera que tenían en casa. Más tarde, Xiaolou fue acusado por Na Kun, el dueño de teatro, por haber amenazado al Partido Comunista de China. La persona que juzgó a Xiaolou era su ex discípulo, Xiaosi, quien guardaba mucho rencor a Xiaolou y Dieyi, y se hizo guardia rojo posteriormente. Le dijo a Xiaolou que si no quería ser ejecutado como los otros antirrevolucionarios, tendría que delatar a Dieyi.

Xiaolou y Dieyi fueron obligados a maquillarse y ponerse el vestuario de la ópera, luego los llevaron para el paseo de la humillación, y les obligaron a delatarse mutuamente. Entre los gritos de "¡Abajo con Duan Xiaolou!" y " ¡Abajo con Cheng Dieyi! " , Xiaolou acusó a Dieyi de estar completamente loco y obsesionado por la ópera, y que lo único que le importaba era la ópera. Le daba igual quién estaba en el público o a qué clase pertenecieran, incluso cantó para los japoneses durante la guerra contra Japón, por lo que fue considerado un traidor al país; además fumaba opio y era homosexual. Dieyi se sentía traicionado por el todo el mundo, y también empezó a delatar a Xiaolou, diciendo que se casó con la prostituta más popular del burdel, echándole la culpa del declive de la ópera. Bajo la presión de los Guardias Rojos, Xiaolou se vio obligado a confesar que ya no quería a Juxian y que marcaría la distancia con ella, lo cual hirió completamente los sentimientos de Juxian, conduciendo directamente a su suicidio.

En este punto de la historia, el hombre del que estaba enamorado y al que siempre consideraba el rey en la vida real, se convirtió en un cobarde que traicionó a su mujer y a su mejor amigo. Lo único que le importaba a Xiaolou era sobrevivir a la persecución, pero para Dieyi había muerto su rey, junto con el arte que apreciaba tanto como su vida. La inhumanidad, la traición, el odio, el miedo y la desesperación corrompieron completamente sus vidas.

Once años después, Xiaolou y Dieyi volvieron de nuevo al escenario, interpretando la misma ópera de siempre, solo que esta vez, Dieyi se suicidó de verdad, convirtiéndose en la verdadera concubina Yu Ji del rey Xiang Yu.

La obsesión con la ópera y la identificación personal con el papel que interpretaba le llevaron a su destino, la muerte. Para él, no hay diferencia entre la ópera y su vida, salvo que el hombre del que está enamorado en la vida real es solo un personaje ficticio, por lo que su muerte no solo va por los sentimientos hacia su rey, sino también para alcanzar la máxima pureza del arte.

En la película "Xiu Xiu" , el destino trágico de la protagonista también está prescrito a través de una serie de símbolos, tales como la manzana y el agua. En la cultura occidental, la manzana es un símbolo que conlleva abundantes significados implícitos. Puede representar la belleza femenina, la sabiduría, la inmortalidad, el pecado, el renacimiento, la paz, etc., dependiendo de la zona geográfica que nos estemos refiriendo. En la mitología griega, la diosa Eris se presentó en la boda de Tetis y Peleo, a pesar de que no había sido invitada por su naturaleza problemática, lanzó una manzana de oro en medio de todos los reunidos, indicando que era para la diosa más hermosa, y terminó provocando la Guerra de Troya. De esta forma, la manzana de la discordia se convirtió en el origen de una tragedia. Otra acepción desde la mitología muy famosa de esta fruta aparece en la Biblia, y nos cuenta la historia que sucedió en el jardín del Edén, donde Adán y Eva desobedecieron a Dios y comieron la manzana, la fruta prohibida, procedente del árbol del bien y del mal, que les dio la serpiente, , motivo por el que perdieron su inocencia, y les expulsaron del Paraíso.

En dicha película, la manzana dispone de la misma simbología que tiene dicho fruto en la mitología griega y en la Biblia, representando la atracción de los deseos o de lo prohibido. Xiuxiu llegó a la estepa junto con los otros jóvenes estudiantes para recibir la "reeducación", con la esperanza de volver a la ciudad en medio año. Los primeros meses los pasó tranquila, encima le hicieron una promoción. Sin embargo, cuando llegó la fecha indicada, nadie fue a recogerla a la estepa, y al ver que sus compañeras se habían vuelto a la ciudad por sus propios "medios", los deseos de abandonar la estepa que tenía Xiuxiu se intensificaron cada día más. Un día llegó un hombre "con contactos" a la tienda de campaña donde se alojaba Xiuxiu, y con la promesa de ayudarla a volver a la ciudad, tuvo relaciones con ella. Antes de irse, le dio a Xiuxiu una manzana roja, y ésta la aceptó con una mirada tímida de felicidad. Xiuxiu esperó día y noche a que le fuera a recoger ese hombre, el cual nunca más apareció, y en vez de él, llegó otro hombre "con recursos" que le hizo la promesa de enviarla a la ciudad, aprovechándose para tener relaciones sexuales con ella, y le dio otra manzana roja. Cada vez había más hombres que hicieron lo mismo con Xiuxiu, mientras que lo único que recibió la chica eran las manzanas rojas que para ella significaban fruto de amor, pero en realidad, era la fruta prohibida que la condujo a su destino de muerte.

El agua es otro símbolo que augura el trágico destino de la protagonista. El título chino de la película se traduce directamente al español como "bañarse al aire libre", en el cual se percibe la función fundamental que desempeña el agua en el largometraje: la limpieza corporal y espiritual, por lo que a lo largo de toda la película, Xiuxiu limpia su cuerpo una y otra vez, a pesar de la enorme dificultad de conseguir agua en la estepa.

La relación entre el agua y el destino de Xiuxiu se manifiesta de forma muy sutil: 1) antes de ir a la estepa, Xiuxiu era una chica ingenua, y se bañó en un barreño en su propia casa, donde había suficiente agua para su uso; 2) cuando recién llegó a la estepa, Laojin construyó una bañera en el césped para que Xiuxiu pudiera bañarse a gusto con suficiente agua, y vigilaba que nadie la molestara cuando se duchaba; 3) después de tener relaciones sexuales con el primer hombre que la engaño, Xiuxiu quería limpiar su cuerpo, pero solo le quedó muy poca agua en la tetera; 4) después de vender su cuerpo a más hombres, solo quedó hielo en la tetera; 5) después del borto, Xiuxiu buscaba agua por todas partes para limpiarse, y lo único que encontró era nieve. En vez de preguntar a Laojin si todavía quedaba agua, como siempre hacía, afirmó desesperadamente a Laojin que ya no había más agua.

De esta manera, se produce un paralelismo entre el destino de Xiuxiu y la cantidad del agua: cuando era una chica ingenua, tenía suficiente agua para bañarse de forma despreocupada; después de perder la virginidad, solo le quedó un poco de agua en la tetera que no le bastaba para limpiar el cuerpo; cuando se volvió completamente degenerada, no le quedó ni una gota de agua, lo cual implica que ya no había manera de quitar la suciedad en su cuerpo y en su mente, por lo que la muerte sería la única opción para liberarse de esa pesadilla.

A medida que se reducía la cantidad del agua, se debilitaban también la vergüenza y el amor propio que tenía Xiuxiu. La primera vez que se bañó en la estepa, lo hizo con mucha timidez detrás de una cortina. Después de tener relaciones sexuales con el primer hombre que le hizo la promesa falsa, se puso a limpiar el cuerpo sin cerrar la cortina, y cuando estaba acostumbrada a entregar su cuerpo, perdió completamente la vergüenza, desnudándose delante de Laojin, burlándose de la impotencia sexual del hombre que la cuidaba todo el tiempo. Aún así, la búsqueda de la pureza corporal y espiritual le obligaba a buscar soluciones, hasta que eligió el suicidio en la bañera que le construyó Laojin.

En las películas dirigidas por los directores de la quinta generación, los personajes no hacen críticas a la revolución como lo que suelen hacer en las películas anteriores, sino que la consideran como uno de los tantos obstáculos que se encuentran a lo largo de su vida, y de este modo todas las tragedias causadas por las injusticias políticas se convierten en cuestiones personales. Por ejemplo, en la película 《活着》 "Vivir", cuando Fugui fue reclutado por el ejército y no tuvo otro remedio que aceptarlo, la misión del país – ganar la guerra – se convirtió en la creencia personal que residía en sobrevivir por sí mismo y por la responsabilidad de la familia. Lo mismo pasó con la muerte de sus dos hijos. Después de que murió el hijo Youqing, Chunsheng se fue a la casa de Fugui para dar el pésame, ya que él tenía parte de la responsabilidad de esa tragedia. Jiazhen, la mujer de Fugui, le dijo a Chunsheng que les debía una vida, y de esta manera convirtió una muerte causada por el movimiento político en un rencor personal. Después de que murió Fengxia durante el parto, Jiazhen no dejó de arrepentirse por haberle dado demasiado pan al médico viejo, motivo por el que murió el médico y no pudo atender a la parturienta a tiempo, mientras que los Guardias Rojos que habían tomado el control del hospital no tenían ni idea de cómo solucionar el accidente. Para Fugui y Jiazhen la muerte de sus dos hijos son solamente desgracias personales y no consecuencias políticas.

En la película 《归来》 "Regreso a casa", la madre Feng Wanyu culpó de la persecución que habían sufrido su marido a su hija, y no la perdonó aun cuando sufría de amnesia, puesto que fue su hija la que delató a su propio padre, quien había sido calumniado de ser derechista, con el fin de que no pudiera reunirse con su madre. Si el padre aparecía en casa, la joven perdería la oportunidad de ser elegida como la bailarina principal en una actuación importante. De esta manera, la separación familiar, causada por las injusticias políticas, se convirtió en el rencor de la madre hacia la hija.

En realidad, las tragedias que experimentan los personajes en dichas películas no se pueden deber de forma simple a un movimiento político. Los directores abandonaron completamente la búsqueda de culpables, interpretando los sufrimientos del pueblo a través de la perspectiva del destino. Por ejemplo, muchas vicisitudes que sufre la familia de Fugui no tienen una explicación exacta, sino que parecen más bien una paradoja en que lo malo puede terminar siendo bueno, y viceversa. Siendo el hijo del terrateniente rico, Fugui estaba adicto al juego de azar, y cayó en la trampa que le tendió Long' er, llevando a la familia a la arruina. Sin embargo, gracias a este suceso, Fugui evitó ser perseguido por haber perdido la casa en las apuestas, ya que dejó de pertenecer a la clase terrateniente, mientras que Long' er fue ejecutado por poseer la casa que antes era propiedad de la familia de Fugui. De ahí que la vida parezca una fusión de muchos elementos complejos que no se puede explicar con una relación sencilla y directa entre la revolución y el sufrimiento.

La muerte de los dos hijos de Fugui parecen tener una relación estrecha con el entorno político en que vivían, puesto que solo en aquella sociedad los niños fueron obligados a participar en trabajos físicos de mucha intensidad, y solo en aquella época los hospitales fueron controlados por los jóvenes Guardias Rojos que no tenían conocimientos ni experiencias médicas. La pérdida de los dos hijos supone un gran dolor a Fugui y Jiazhen, no obstante, el nacimiento del nieto Mantou implica una nueva esperanza y la continuidad de la vida. De este modo, los directores no culpan de la muerte de los personajes a la sociedad, sino que la interpretan como si fuera el destino de cada individual, bajo el control de dicho destino, todos los sucesos de la vida adquieren una relación intrincada a la que no se puede cuestionar ni culpar.

Esta interpretación de la historia a través de la perspectiva del pueblo común y corriente nos ofrece una versión distinta de la historia en la que no hay ni vencedores ni vencidos, por lo tanto, tampoco existe el final feliz que brinda el socialismo. La RCC en dichas películas deja de ser un evento especial, sino que se convierte en una pieza integradora que forma parte del destino de todo el pueblo.

4. La RCC desde la perspectiva de los directores de la sexta generación

Los directores de la sexta generación nacieron en los años sesenta y setenta del siglo pasado. Por la edad que tenían, no formaron parte de la organización de los Guardias Rojos, como los directores de la quinta generación; tampoco tuvieron la experiencia de participar en el movimiento de "subir a las montañas y descender a los pueblos", sin embargo, no eran ajenos a la revolución, puesto que tenían su propia organización rebelde llamada los "pequeños Guardias Rojos", formada principalmente por los estudiantes de la escuela primaria, y mientras que los verdaderos Guardias Rojos realizaban las actividades revolucionarias, los "pequeños Guardias Rojos" desempeñaban el papel de ayudantes, imitando lo que hacían aquellos jóvenes revolucionarios, aprendiendo las instrucciones políticas supremas, cantando canciones revolucionarias, etc.

Los "pequeños Guardias Rojos" no participaron directamente en dicho movimiento, pero fueron profundamente influenciados por la ideología política de aquel entonces. Sin embargo, no como la mayoría de los verdaderos Guardias Rojos que desperdiciaron su juventud en los campos atrasados, muchos Guardias Rojos pequeños pudieron evitar el impacto negativo de la revolución y pasaron su infancia con tranquilidad por venir de la familia clasificada como las "cinco clases rojas" [30], lo cual hace que su recuerdo sobre la revolución tenga un toque romántico y nostálgico. En las películas que hacen los directores de la sexta generación, se presenta la fusión entre el cambio político que tiene la sociedad china y el crecimiento personal que experimentan los personajes, destacando la huella que

---

30   Las "cinco clases rojas" es el término que hace contraste con el de las "cinco clases negras". Incluye a los campesinos pobres, los trabajadores, los soldados revolucionarios, los cuadros revolucionarios, y mártires revolucionarios que fueron considerados como las clases más elogiadas por la sociedad durante la revolución. Los hijos de estas personas también entraban en dicha clasificación.

deja la revolución en el proceso del desarrollo personal.

4.1. El recuerdo personal sobre la RCC mediante historias autobiográficas

En comparación con las películas que dirigen los directores de la quinta generación en las que se cuentan historias de grandes temas sobre el país o el pueblo, los filmes hechos por los directores de la sexta generación ponen más énfasis en la vida de las personas individuales. Esta diferencia se debe a varios motivos: por una parte, cuando se produjo la RCC, los directores de la sexta generación aún estaban en su infancia, motivo por el que no comprendían la esencia de dicho movimiento; por otra parte, el desarrollo social y económico de los años 90 hizo que se fijaran más en los valores personales.

En muchas de estas películas se percibe un toque autobiográfico, es decir, la historia se desarrolla en torno al crecimiento personal del protagonista con el que se identifica el propio director. Por ejemplo, la película 《阳光灿烂的日子》 "Días de sol" está ambientada en Beijing durante la revolución, y cuenta la historia desde la perspectiva de Ma Xiaojun, apodado "mono" , quien era un adolescente en aquel entonces y, debido a que la revolución había derrotado por completo el sistema educativo en China, y que los padres estaban ocupados enfrentándose al acontecimiento político y no tenían tiempo para encargarse de sus hijos, podía pasar todos los día jugando por las calles con sus amigos.

La mayor parte de la historia ocurrió durante un verano, girando en torno a las aventuras de él con sus amigos y su fascinación por una chica mayor que él, que se llamaba Mi Lan. Una parte de la película se basa en la experiencia real del director, según el cual, la película intenta cambiar el recuerdo colectivo triste que se suele reflejar en las películas anteriores, y describir la revolución mediante un recuerdo individual romántico y nostálgico, "El cielo de aquel entonces era más azul que ahora, y las nubes más blancas. En mis recuerdos el sol estaba más caliente, y nunca llovía. El recuerdo de aquella época es tan hermosa que todas las cosas que hacíamos me dan nostalgia, de hecho, esta película la he hecho siguiendo mis recuerdos" (Dai, 2006: 403).

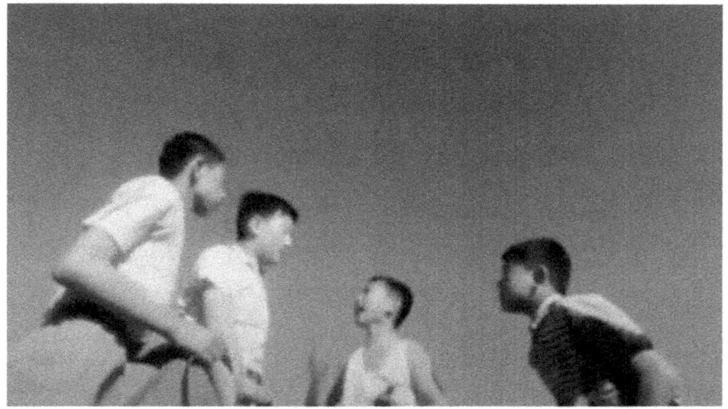

(Figura 47: Escena de 《阳光灿烂的日子》 "Días de sol")

La película《长大成人》 "Hacerse adulto" cuenta la historia del protagonista Zhou Qing desde la infancia hasta la edad adulta, en la cual también se ve reflejada la experiencia del propio director. Zhou Qing era un adolescente que cumplía todas las características rebeldes: se escapó de casa porque su padre le había cortado el pelo contra su propia voluntad; vagaba todo el día por las calles con sus amigos e incluso fumaba. Sin embargo, el libro roto y abandonado "Así se templó el acero" que encontró en una cueva le despertó la curiosidad del contenido de la otra mitad del libro, y cuando trabajaba en la estación de carga, le regaló una versión completa de ese libro su compañero de trabajo Zhu Helai, un hombre recto, honrado y bondadoso, quien se convirtió en su ídolo moral posteriormente. A finales de la década de 1980, Zhou Qing terminó los estudios en Alemania y volvió a su propio país, sin embargo, la sociedad china había cambiado tanto que el protagonista ya no podía adaptarse. Lo único que quería hacer era buscar a Zhou Helai que era su creencia moral. La película muestra la nostalgia del director por el ambiente social puro de la época anterior, haciendo crítica de la indolencia y la idolatría del dinero que prevalecían en la sociedad de los años 90.

Los directores de la sexta generación suelen aplicar los monólogos interiores como una forma de promover el desarrollo de la historia. El uso de dicha técnica, en comparación con la voz supuesta que se emplea en las películas de los años 80 con el objetivo de criticar la revolución o despertar en el público la responsabilidad social, se dedica simplemente a la expresión de los sentimientos personales del director, además de ayudar a los espectadores a comprender mejor las actividades mentales de los personajes. Por ejemplo, la película 《阳光灿烂的日子》 "Días de sol" empieza con un monólogo interior del protagonista Ma Xiaojun, manifestando la nostalgia del director a la época de la revolución:

> *Beijing ha cambiado mucho en los últimos 20 años, y se ha convertido en una ciudad moderna en la que no puedo encontrar nada de mi recuerdo. De hecho ese cambio ha estropeado mi recuerdo, y hace que no pueda distinguir entre la realidad y la alucinación. Mi historia siempre ocurría en el verano. El tiempo caluroso hacía que la gente se vistiera con menos ropa y que no pudiera contener sus deseos. El verano parecía no acabar nunca, y el sol que siempre me acompañaba era tan fuerte que me cegaba".[31] (Monólogo de 《阳光灿烂的日子》 "Días de sol")*

Debido a que los directores de la sexta generación eran muy pequeños cuando se produjo la RCC, su recuerdo sobre dicho movimiento se encuentra borroso y fragmentado. En muchas de las películas que han rodado dichos directores, este movimiento ha perdido su naturaleza política y se ha convertido en un símbolo histórico. Por ejemplo, en la película 《长大成人》 "Hacerse adulto" , la caída de la "Banda de los cuatro" fue descrita como si fuera un suceso sin ninguna importancia en la vida cotidiana: "El tiempo pasaba volando. La otra mitad del tebeo aún no había salido, y pasó algo imprevisto allí fuera. Decían que habían derribado a cuatro

---

31   Traducción propia.

personas del gobierno que intentaban hacer el golpe de Estado, y pronto pudimos cantar las canciones de Deng Lijun" [32].

En las primeras escenas de la película 《阳光灿烂的日子》 "Días de sol" , las estatuas del gran líder político siempre aparecen con el cuerpo cortado, nunca con el cuerpo entero y de frente, lo cual indica que su figura ha perdido el significado político, y solo cumple la función de indicar la época histórica. En el final de la película, el protagonista Ma Xiaojun logró ser un comerciante rico, cuyo coche tenía la foto del líder como adorno. La figura de este gran personaje que fue considerada como la existencia más sagrada en las épocas anteriores se convirtió en un adorno que podía tener cualquier persona para espantar malos espíritus a principios de los años 90.

La narrativa sobre la RCC en las películas dirigidas por los directores de la sexta generación es completamente personal y altamente autobiográfica. Mediante las creaciones artísticas, pretenden reflejar tal y como era dicho movimiento en sus recuerdos, como declara el director Wang Xiaoshuai en una entrevista con el periódico 《东方早报》 (Periódico matutino de Oriente):

> *Nacimos a mediados de la década de los años sesenta del siglo pasado, justamente antes de los diez años caóticos. Somos una generación muy peculiar, a diferencia que la generación anterior que experimentó la "reeducación" y muchas otras cosas, éramos niños inocentes cuando se produjo todo eso, y no entendíamos nada del mundo de los adultos. Sin embargo, cuando llegamos a la adolescencia y miramos hacia atrás, nos damos cuenta de las influencias que dejó la revolución en muchos aspectos de nuestra vida, aunque no las percibimos en su momento. (Cai, 2012)*

4.2. Un enfoque positivo de la RCC

Con respecto a la comprensión sobre los conceptos y el cambio

---

32   Traducción propia. Deng Lijun (29 de enero de 1953 - 8 de mayo de 1995), una cantante taiwanesa famosa cuyas canciones fueron prohibidas durante la revolución porque trataban el tema de amor.

de los conceptos, Koselleck escribió un artículo para explicar precisamente cuál es el objeto real de la "historia de los conceptos" , afirmando que "los conceptos como tales no tienen historia. Contienen historia, pero no tienen historia. Solo pueden envejecer, afirmar algo que ya no sea acertado. Lo que cambia entonces es el contexto, pero no el concepto envejecido" (1983: 14). Esta explicación da a entender que los hechos históricos no cambian, y lo que cambian son las interpretaciones y las aplicaciones que les dan la gente posteriormente. Lo mismo pasa a la RCC, a la cual le dan significados distintos en diferentes épocas históricas.

Entrando en la década de 1990, el avance económico y el desarrollo de las nuevas tendencias ideológicas, tales como el nacionalismo, el poscolonialismo y la nueva izquierda, engendraron nuevas interpretaciones sobre la RCC, lo cual también tuvo un gran impacto en el cine revolucionario. En una charla que dieron los testigos de la revolución, el historiador Zhang Lifan declara:

> *La historia es como una rompecabezas. Cada individuo puede tener distintas experiencias o diferentes recuerdos sobre una misma cosa. Quizás tú te acuerdas de este color, y yo de otro color. Además, la forma de cada pieza no es igual, por lo tanto hace falta la combinación de todas las piezas para formar un recuerdo completo".[33] (Zhu, 2011: 291)*

También afirma que algunas personas que no han vivido la RCC no están de acuerdo de que dicho movimiento sea un cataclismo completo, y sostienen que se encuentran elementos positivos y divertidos a pesar de los dolores y sufrimientos que se suelen mencionar.

La nostalgia por la época de la Revolución es una prueba que demuestra la actitud afirmativa de los directores de la sexta generación a este movimiento social. En muchas películas que

---

33   Traducción propia.

dirigen dichos directores se percibe el idílico recuerdo con añoranza a dicha época controvertida.

En la película 《长大成人》 "Hacerse adulto" , el obrero Zhu Helai, quien representa el espíritu que tiene Pavel Korchagin de la obra "Así se templó el acero" , es una persona valiente, fuerte, y que no teme a las dificultades bajo ninguna circunstancia. Ayudó en múltiples ocasiones al protagonista Zhou Qing, y cuando este sufrió graves lesiones en el pie, Zhu Helai le salvó donándole un hueso de su propio pie. Las cualidades valiosas del obrero sirvieron como el sustento ideológico de Zhou Qing durante toda su vida, bajo la influencia de las cuales, se convirtió en un hombre que tenía el mismo carácter que el obrero. Posteriormente, Zhou Qing volvió a China al terminar los estudios en Berlín, y se dio cuenta de que ya no podía adaptarse en su propio país, puesto que los valores que perseguía él no encajaba con el consumismo y la decadencia moral que regían la sociedad de aquel entonces. Sintiéndose confuso y frustrado, dedicó el resto de su vida buscando al obrero desaparecido de forma misteriosa.

La desaparición de Zhou Helai muestra la añoranza que siente el director sobre las cualidades bondadosas y los valores morales que existían en la época de la revolución y que se terminaron perdiendo en los tiempos posteriores.

La película 《芳香之旅》 "Un viaje agradable" empieza con un paisaje pintoresco en que un autobús estaba avanzando en un camino del campo. El conductor, Laocui, era considerado un héroe revolucionario por haber sido recibido y elogiado por el presidente, mientras que el autobús que conducía adquirió un nombre prestigioso que se llama "Hacia el sol" . La hospitalidad de la joven taquillera y la amabilidad de los pasajeros muestran un ambiente social puro y armonioso que había durante la revolución.

(Figura 48: Escena de 《芳香之旅》 "Un viaje agradable")

Durante los viajes, la joven taquillera Chunfen conoció a un médico, Liu Fendou, y los dos se enamoraron. Sin embargo, este la traicionó difamándola cuando los pillaron besándose, lo cual puso fin a esta relación. Posteriormente, aceptó casarse con el conductor Laocui que era mucho mayor que ella y que siempre la quería y la cuidaba, aunque no sentía nada por él. Muchos años más tarde, el médico Liu envió cartas a Chunfen para expresar su amor y añoranza. Dichas cartas, rotas y tiradas en la basura por la mujer, fueron recompuestas por Laocui, quien realizó todas las promesas que había hecho el médico a Chunfen en las cartas, tales como comprarle una bufanda roja, viajar con ella en tren, etc., incluso quería ir a recoger al médico para que se reuniera con Chunfen, dispuesto a renunciar a su matrimonio con el objetivo de que su mujer pudiera estar con el hombre que amaba. Chunfen, por la responsabilidad que sentía de su matrimonio, no acudió a la cita, sin embargo, Laocui sufrió un accidente terrible cuando estaba de camino a recoger al médico y se quedó como un vegetal. Después de enterarse de todo lo sucedido en el diario de Laocui, Chunfen se dio cuenta de que su marido, a pesar de estar impotente debido a su trabajo, era en realidad un hombre espiritualmente completo, y decidió seguir la carrera de su marido, reestrenando el bus "Hacia el sol" que ya estaba muy desgastado después de estar abandonado durante 20 años.

El ambiente social ingenuo en la época de la revolución que se presenta al principio de la película hace un contraste claro con el declive de la moral y la falta de fe que critica el director de su época. La decisión de seguir la carrera de Laocui por parte de Chunfen refleja la pureza y la responsabilidad que aprecia el director en el matrimonio, y su intento de recuperar los valores que se estaban perdiendo en su época.

El film 《山楂树之恋》 "Amor bajo el espino blanco" nos cuenta una historia de amor que ocurrió cuando la RCC se acercaba a su fin. La joven Jingqiu se sentía inferior porque su padre era descendiente de la familia que se encontraba entre las "cinco clases negras". En una actividad organizada por la escuela, conoció al chico Laosan, hijo de un comandante, quien estaba dispuesto a hacer cualquier cosa por ella y le dio valor para seguir adelante con la vida. Sin embargo, cuando se cumplieron todos los deseos de Jingqiu y por fin pudieron estar juntos, murió el chico por la enfermedad de leucemia. El amor puro entre la joven Jingqiu y el chico Laosan refleja la nostalgia del director a aquella época que él considera ideal.

En resumen, el enfoque positivo sobre la RCC en dichas películas se manifiesta a través de la admiración de los valores puros en la época de dicho movimiento, y la crítica de la decadencia moral, sobre todo la idolatría del dinero y la indiferencia que prevalecían en la sociedad china a finales de la década de 1990 y a principios del siglo XXI.

Debido a la edad temprana que tenían los directores de la sexta generación cuando se produjo la revolución, se emplea con mucha frecuencia la perspectiva de los adolescentes inocentes para contar la historia, tal como en las películas 《长大成人》 "Hacerse adulto" y 《阳光灿烂的日子》 " Días de sol". La aparición de esa nueva perspectiva rompió la tradición de las historias en las que la revolución fue considerada como una pura calamidad política, aportando una nueva pieza a la memoria colectiva sobre dicho movimiento. En las épocas anteriores, la RCC siempre fue interpretada a través de los puntos de vista sobre la lucha de poderes, las clases sociales, las persecuciones, el humanismo, etc. Dicha memoria fue construida por los intelectuales que fueron perseguidos durante el acontecimiento político, quienes describen este movimiento como si fuera la noche oscura en la que no se puede ver ni la luna ni las estrellas. Al contrario, en los ojos de la generación más joven, la RCC no es más que un juego que hacen ellos en el verano, y adquiere un toque afectuoso y nostálgico por hallarse en sus recuerdos llenos de sol. Los argumentos, las imágenes y la música de dichas películas han experimentado un cambio enorme en comparación con los largometrajes anteriores que abordan el mismo tema. La pasión, la locura y la ambición que tienen los adolescentes cambian por completo la monotonía que presenta la Revolución en las películas de las épocas anteriores.

La película 《阳光灿烂的日子》 "Días de sol" empieza con el monólogo interior de Ma Xiaojun: "El verano parecía no acabar nunca, y el sol que siempre tenía tiempo para acompañarnos era demasiado brillante". No aparecen en el film los Guardias Rojos, ni la violencia cruel, sino escenas brillantes y música alegre. El protagonista pasó su adolescencia envuelto en la revolución que fue considerada como una tragedia social, sin embargo, cuando alcanzó su mediana edad, lo que quedó en su recuerdo de esa época era el sol brillante que calentaba aquellos días felices.

El director no se conforma con negar la memoria tradicional sobre el movimiento mencionado, sino que intenta dudar sobre los hecho históricos. Por ejemplo, el protagonista Ma Xiaojun dice en el comienzo de la película que Beijing ha experimentado muchos cambios en pocos años, y se ha convertido en una ciudad moderna. Ese cambio gigante ha estropeado su memoria y le ha hecho incapaz de distinguir entre la realidad y la imaginación. El recuerdo de

Ma Xiaojun sobre su adolescencia está etiquetado como "los días soleados" , sin embargo, no puede estar seguro si es verdadera la luz solar que aparece en su memoria o es solo su imaginación, incluso no sabe si ha existido de verdad la chica llamada Mi Lan de la que estaba enamorado, en otras palabras, está dudando sobre su propia memoria, lo cual significa una crítica implícita a la memoria incuestionable sobre la revolución que crearon los intelectuales perseguidos y que fue aceptada por todo el público, y demuestra el hecho de que la memoria puede ser modificada o incluso manipulada por los narradores. Esta estructura de la película hace que los espectadores también duden sobre la memoria colectiva de la revolución que fue construida por un grupo minoritario del pueblo.

Frente a esta imagen de la RCC completamente distinta establecida por los directores de la sexta generación, algunos investigadores apoyan la diversificación de la percepción sobre la revolución, puesto que no solo tiene valor la memoria de los intelectuales que experimentaron dicho movimiento, sino que todo el mundo tiene derecho de mostrar el recuerdo que tiene y de interpretar la historia a su propia manera. Los otros sostienen que la memoria particular sobre este movimiento social que expone dichos directores se debe a la comercialización y la cultura de consumo, así como la disminución de la responsabilidad social, y no se puede negar el hecho de que la RCC sea una calamidad política.

Sea cual sea la opinión, la verdad es que este movimiento político está cada vez más lejano de nuestra vida cotidiana, y bajo ese contexto, las películas constituyen un medio muy valioso para que las generaciones más jóvenes conozcan las distintas interpretaciones sobre dicho acontecimiento que en su momento dejó grandes consecuencias, y que no debe ser olvidado en la historia de China.

Capítulo V: Las películas occidentales hechas durante la RCC

En el cine occidental no se encuentran abundantes filmes que versen sobre el tema de la RCC debido a que, por un lado, lo delicado que ha sido dicho tema; y por otro, la censura rígida que sufre la sociedad china desde la década de los 80, razón por la que este movimiento no llegó a ser muy divulgado en Occidente.

Hemos recopilado en total ocho películas occidentales, entre las cuales están "La Chinoise" (1967) de Jean-Luc Gordard, "Les Chinois à Paris" (1974) de Jean Yanne, "The Last Emperor" ("El último emperador") (1987) de Bernardo Bertolucci, "M. Butterfly" (1993) de David Cronenberg, "Le Violon rouge" ("El violín rojo") (1998) de John Corigliano, "Balzac et la petite tailleuse chinoise" ("Balzac y la joven costurera china") (2002) de Dai Sijie, "The dreamers" ("Soñadores") (2003) de Bernardo Bertolucci y "Wolf Totem" ("El ultimo lobo") (2015) de Jean-Jacques Annaud. Dichos largometrajes han sido seleccionados para formar nuestro corpus por los siguientes motivos: en primer lugar, son películas en las que la RCC tiene una presencia de mucha importancia, y son dirigidas por directores cuyo origen tiene una cobertura muy amplia, por ejemplo, Francia, Italia, EE.UU., Canadá y Australia, lo cual nos permite conocer las interpretaciones y representaciones sobre la Revolución en diversas sociedades occidentales; en segundo lugar, se tratan de películas de amplio conocimiento internacional, reconocimiento crítico y han ganado múltiples premios por el valor artístico que aportan, por lo que constituyen recursos muy valiosos que sirven como objetos de investigación.

Hemos repartido estas películas en dos grupos de acuerdo con su fecha de estreno. En el primer grupo están las dos películas francesas, "La Chinoise" y "Les Chinois à Paris" , rodadas durante el propio movimiento, época en que dicho acontecimiento tuvo mucha repercusión política en las sociedades occidentales, como consecuencia, el factor político tiene mucho peso en estas dos películas. En el segundo grupo están los largometrajes filmados después del movimiento hasta la actualidad, las cuales, a pesar de que son dirigidas por directores de diferentes orígenes, interpretan la revolución según un modelo estándar, reduciendo dicho movimiento a una serie de símbolos y escenarios según la experiencia de las revoluciones políticas ampliamente conocidas en la historia, tal como la Revolución Francesa.

1. La influencia de la RCC China en Francia

Los años sesenta del siglo XX fue una década caracterizada por las revoluciones, entre las cuales, se destacan las protestas a nivel mundial contra la guerra (especialmente la de Vietnam), los EE.UU. y el colonialismo. Mientras que la mayoría de los países africanos lograron la independencia nacional, las teorías del Che Guevara y del entonces gran líder chino se volvieron muy populares en muchas partes de Asia, África y América Latina.

A finales de la década de los años sesenta, existían dos centros de revolución: uno era Beijing, donde la RCC estaba en pleno apogeo; y el otro era la ciudad de París, en la cual estalló el movimiento conocido como "Mayo del 68" que sacudió al resto del mundo, marcando la historia contemporánea de Francia y convirtiéndose en una referencia cultural y política en otros países.

El Mayo francés del 68 fue caracterizado por una serie de huelgas y protestas que empezaron por los movimientos estudiantiles que luego se expandieron a los sindicatos obreros, conduciendo a una huelga general sin precedentes, cuyos sucesos tienen raíces económicas, políticas y culturales en la década de los sesenta.

La reconstrucción que vivía Francia tras la Segunda Guerra Mundial promovió la prosperidad económica del país. Sin embargo, bajo esa tapadera de burbujas, la creciente tasa de desempleo afectó sobre todo a los jóvenes, además de hacer subir el número de personas en situación de pobreza.

En cuanto a la situación social y cultural, la sociedad francesa se hallaba en un ambiente consumista promovido por los medios de comunicación, frente al cual, se produjeron los movimientos contraculturales y juveniles que cuestionaban el consumismo, abogando por la paz y la libertad. A parte de eso, existía un contraste obvio entre la modernización económica y el conservadurismo extremo que se encontraba en una serie de instituciones extremadamente verticales y cerradas, tales como las empresas, los sindicatos, la Iglesia y las escuelas (Laurent, 2009: 35).

La política europea también experimentó un gran cambio durante los años sesenta. En Francia, los movimientos anticolonialistas, en contra de los movimientos ultraderechistas que defendían las colonias francesas, fructificaron durante las guerras de Indochina y de Argelia. Los estudiantes y obreros, pertenecientes a los grupos izquierdistas, veían la esperanza en la RCC, y provocaron huelgas en todos los sectores a nivel nacional (Laurent, 2009: 38).

Según Wan Jiaxing (2001: 57), al comienzo de dicho movimiento francés, una serie de organizaciones maoístas en Francia se pusieron en contacto con los Guardias Rojos occidentales que estaban en China, y pedían regularmente a la embajada china los últimos materiales promocionales para aprender de la experiencia revolucionaria de China. También participaron en la lucha algunas otras organizaciones, tales como la "Alianza del marxismo-leninismo" y el "Grupo de marxismo-leninismo" , las cuales aunque no contaban con muchos miembros, sin embargo, desempeñaban un papel crucial en el desarrollo de dicho movimiento; gracias a ellos, los estudiantes franceses inexpertos aprendieron enseguida de la RCC, aunque "los métodos chinos" que adoptaron los maoístas franceses eran un espejismo de los métodos reales empleados en

China.

Debido a la comunicación que se realizó entre ambas partes, la RCC y el movimiento Mayo del 68 estaban interconectados de forma estrecha. En el país oriental, los jóvenes Guardias Rojos cantaban en voz alta "La Internacional" importada de Francia y gritaban el eslogan de la Comuna de París. Los rebeldes incluso pusieron el nombre "comuna" a la organización administrativa que fundaron después de destruir el viejo organismo de gobierno. En Francia, los pensamientos del líder político chino y el Libro Rojo se convirtieron en el armamento espiritual de los jóvenes radicales, quienes aprendieron de las cuatro formas principales de realizar la democracia socialista que prevalecían en la RCC para organizar y movilizar las fuerzas sociales.

En mayo del año sesenta y ocho, cuando el levantamiento en Francia alcanzó su punto culminante, el 《人民日报》("Diario del pueblo") de China informaba de dicho movimiento casi a diario, publicando en total más de 60 reportajes, comentarios y editoriales, junto con más de 40 fotografías y dibujos de propaganda, con el fin de encomiar vigorosamente la lucha de los estudiantes y trabajadores franceses, considerándolo la continuación de la Comuna de París y el movimiento popular más significativo desde la Segunda Guerra Mundial. Del 21 al 25 de mayo, en China, se realizaron manifestaciones a gran escala en más de 20 provincias, regiones autónomas y municipios, mientras que en la otra punta del mundo, los "Guardias Rojos occidentales" que llevaban uniformes verdes y brazaletes rojos se convirtieron en un símbolo destacado en las calles de París en las que aparecían muy a menudo manifestaciones organizadas por los estudiantes que tenían como bandera ideológica los pensamientos de 3M (Wan, 2001: 61).

Los sujetos de ambas revoluciones que se desarrollaban al mismo tiempo pero a miles de kilómetros de distancia eran jóvenes estudiantes que llevaban la misma ropa y sostenían los mismos carteles. Se apoyaban mutuamente como si fueran compatriotas. Sin embargo, Alain Touraine, sociólogo francés y responsable del Centro de Investigación del Movimiento Social de Francia, señaló firmemente que los dos movimientos eran completamente diferentes. En realidad, aunque una parte de los organizadores de Mayo del 68 admiraban mucho al gran líder chino y estaban decididos a seguir su camino, no tenían mucho conocimiento sobre su teoría, ni de la propia RCC. Muchos de ellos pensaban que dicho movimiento disponía de la naturaleza anarquista y consistía en una lucha iniciada por el pueblo contra la oligarquía, en otras palabras, el concepto de "rebelión" que creían esos jóvenes franceses era similar a la toma de la Bastilla durante la Revolución Francesa. Del mismo modo, los rebeldes y los Guardias Rojos que hacían manifestaciones en las calles de Beijing para apoyar la revolución de los estudiantes franceses no comprendían verdaderamente lo que estaba pasando en la ciudad de París. No tenían idea de que la causa de la llamada "Revolución Francesa" estaba relacionada con la prohibición del acceso de los chicos a los edificios de las chicas en las universidades, ni hablar del hecho de que se encuentran entre los partidarios de dicho movimiento los revisionistas y los anarquistas.

Debido a las desinformaciones que existían en ambas partes, los resultados de la revolución que se presentaban en los dos países eran sumamente distintas: en Francia, los frutos académicos no fueron despreciados y destruidos, como se hizo en China, sino que recibieron un respeto sin precedentes; los intelectuales franceses tampoco fueron perseguidos por los revolucionarios, al contrario, muchos miembros de las élites culturales se pusieron de parte de los estudiantes, e incluso se pusieron al frente de la lucha. Las diversas corrientes artísticas e ideológicas chocaron, se cruzaron y florecieron, en vez de ser unificadas, como pasó en China. En comparación con la RCC, el daño material y social que causó el Mayo de 68 fue mucho menor, pero dejó un impacto enorme en los ámbitos culturales e ideológicos de la sociedad francesa.

2. "La Chinoise", de Jean-Luc Godard

"La Chinoise", dirigida por el director francés Jean-Luc Godard, nos cuenta las inquietudes de un grupo de estudiantes franceses, quienes están en contra de la situación social de Francia y se han reunido en un apartamento prestado en París para debatir sobre los desafíos políticos que enfrentan y el conflicto en Vietnam, sobre las tensiones entre la China en que se está produciendo la RCC y la Rusia soviética, y también sobre el capitalismo y los defectos de la educación universitaria convencional, con el objetivo de buscar los posibles remedios con los que podrían cambiar el mundo. Inspirados por las teorías del marxismo y leninismo, esos estudiantes intentan buscar la salida en los pensamientos del líder político de China, creyendo que la RCC que está pasando en el país oriente les puede servir de lección. Deciden recurrir a medios extremos para lograr su objetivo de transformar la sociedad, considerando el terrorismo como una vía necesaria.

Dicha película fue definida por el director como una película que estaba "en proceso de hacerse", en la cual convive una relación curiosa entre la ficción y la realidad por mezclar de forma ingeniosa en una misma trama la ficción y el documental. Debido a que se estrenó un año antes de Mayo del 68 francés, esta película fue considerada una declaración política premonitoria de dicho movimiento social.

En cuanto a los motivos por los que filmó esta película, el propio director manifestó que China era el centro de todos los temas sociales, y siempre había sido el ejemplo en resolver problemas sociales sobre el petróleo, la vivienda y la educación, etc. La revolución de China marcaba la diferencia con las revoluciones de otros países por la representación de la juventud, y también de la búsqueda moral y científica libre de prejuicios. De hecho, el año en que se filmó dicho película fue considerado el "año chino", y el estreno de dicha película promovió en gran medida la popularización de los pensamientos del líder chino en Francia, convirtiéndolo en un símbolo de moda al que perseguían muchas celebridades sociales durante varios años.

2.1. El lenguaje cinematográfico de Jean-Luc Godard

Siendo una figura representativa de la Nouvelle Vague, Jean-Luc Godard declaró cuáles son las características comunes que compartía con las otras colegas como Truffaut, Rivette y Rohmer: "Tenemos más cosas en común que diferencias, las diferencias de detalle son grandes, pero las diferencias profundas son pocas. [···] Tenemos en común el hecho que buscamos" (Godard, 1998: 235-236). Esa búsqueda a la que se refiere Godard no consiste en "pintar las cosas definidas, sino lo que hay entre las cosas" (Moncasí, 2016: 223), como afirmó el propio director: "Prefiero buscar en lo que no conozco que hacer algo que ya conozco" (Godard, 1998: 225).

La película "La Chinoise" fue rodada en el período de la carrera de Godard en que realizó su mayor experimentación sobre lo que debería ser el cine político, es decir, las películas que abordan la relación entre el cine y la sociedad. Bajo un contexto revolucionario a nivel internacional y con el creciente alboroto político en Francia, el director intenta comprobar la eficacia de la teoría de maoísmo mediante esta película. Los motivos por los que dicho film consigue atrapar al espectador consisten en la aplicación de los recursos de la Nouvelle Vague, sobre todo la libertad de movimiento por parte de los directores en los ámbitos de la cámara y de la narración, así como el propio lenguaje que se emplea. La libertad de acción que emplea la Nouvelle Vague logra crear un cine completamente distinto a todo lo que existía en los tiempos anteriores, rompiendo los esquemas del cine clásico francés.

Las técnicas narrativas que emplean Godard son complejas, como declara Carballo; se trata de una tarea ardua definir las obras de Godard: "Complejo, prolijo, experimental, evolutivo, y a menudo metafísico, tanto a nivel del discurso como en el de la imagen, su trabajo pone de relieve cada uno de los componentes de una película, la imagen, el sonido, la palabra o la pintura" (Carballo, 2007: 74). Pone al servicio de su cine los fragmentos de películas, los textos filosóficos, los anuncios, la literatura, la pintura, entre los otros elementos, con el fin de fabricar una película que se destaca por una estética nueva, lo cual hace que muchas veces sea necesario revisar varias veces la película atentamente, como lo asegura Robert Stam, "una vez para la imagen, una vez para escuchar los diálogos, una vez para la música, una vez para los ruidos de fondo y una vez para las tarjetas" (Stam, 1981: 176).

En la película "La Chinoise" , Godard rompe la relación narrativa para conseguir otra relación con respecto al montaje y puesta en escena. La historia no se narra de manera tradicional, sino que se compone mediante bloques con sentidos independientes. A diferencia del montaje tradicional, que procura pasar desapercibido, el director pretende cautivar al espectador sobre el proceso del rodaje que se realiza. La película combina de forma muy peculiar las escenas dinámicas y el tiempo muerto. Los planos vacíos y silenciosos pueden llegar a durar casi tres minutos, y crean una sensación de que el espectador y los protagonistas están juntos las 24 horas, lo cual genera una relación estrecha entre los actores y el espectador.

Dentro de la puesta en escena descubrimos que muchos diálogos se construyen a partir de una recurrente interrogación a los personajes, la cual se entiende como una voraz conquista del lenguaje para definir y reinventar el mundo (Carballo, 2007: 74). De vez en cuanto la propia cámara se enfoca hacia el interrogador, mostrando una parte específica del proceso de la filmación de la película, obligando al espectador a reflexionar sobre los límites de la representación. Este formato de documental y miradas a cámara rompen totalmente la cuarta pared, permitiendo a los espectadores, quienes están totalmente ajenos a la historia, experimentar las dudas, los problemas y las inquietudes que viven los protagonistas, y tener evaluaciones o opiniones sobre lo que están viendo.

(Figuras 49 y 50: Escenas de "La Chinoise")

2.2. El maoísmo en la película

En el nivel estético, "La Chinoise" conserva el colorismo atractivo de las películas de Godard en esa época.

La cultura pop, las viñetas de cómics Marvel, se yuxtapusieron a las proclamas marxistas, la música clásica y un despliegue de recursos siempre ajenos a los peajes del thriller: caben tanto escenas de falso documental, con los personajes interrogados por un reportero invisible, como performances sobre el conflicto en Vietnam. (Franch, 2017)

En dicha película se encuentran muchos símbolos del maoísmo y de la RCC que estaban de moda en aquella época en la sociedad francesa:

- El Libro Rojo

El Libro Rojo es uno de los símbolos más representativos sobre el maoísmo. Tiene una presencia muy frecuente en la película, y es muy habitual escuchar a los protagonistas declamando, con un tono firme y a veces airado, discursos sacados del Libro Rojo. Cuando pretenden interpretar la guerra de Vietnam, utilizan una gran cantidad de Libros Rojos como trinchera, lo cual muestra de forma clara que el Libro Rojo y la teoría del maoísmo se han convertido para ellos un arma teórica eficaz.

El color rojo, por estar relacionado con el movimiento mencionado y la temática maoísta, ha sido uno de los colores primarios más utilizados en dicha película para destacar la esencia de determinadas escenas.

- *Las imágenes sobre el socialismo*

Las imágenes, incluidos los posters y fotos, tanto de los líderes políticos como del ejército y del pueblo revolucionario chino, constituyen otro elemento de suma importancia para mostrar la creencia del socialismo por parte de los jóvenes franceses. El empleo de dichas imágenes, acompañados normalmente por los discursos o debates políticos, aumenta la credibilidad de su creencia política y el convencimiento al espectador, como lo que se declara en la propia película, "Hay que corregir las ideas falsas con imágenes claras" .

- *La Radio Pekín*

La radio, siendo otro elemento de existencia imprescindible en la RCC, se ha convertido en otra arma política que tiene casi el mismo peso que el Libro Rojo. Este último les proporciona armas teóricas, mientras que la radio les informa de las últimos movimientos que pasan en el lejano país oriental. "Aquí Radio Pekín" aparece en total cuatro veces a lo largo de toda la película, sirviendo como una fuente de informaciones, y también como una comprobación y un apoyo sólido al pensamiento de los protagonistas revolucionarios franceses.

- *El teatro (la representación sobre la Guerra de Vietnam)*

El teatro ejerce una función política con mucha relevancia durante la RCC, puesto que por las indicaciones por parte de los mandos superiores, la ópera tradicional china empieza a adoptar la forma de teatro para contar historias relacionadas con la revolución. En la película "La Chinoise" , el protagonista Guillaume, quien desempeña el papel de un actor joven, explica a sus compañeros y al entrevistador invisible cómo es un teatro, por medio de un ejemplo de un grupo de estudiantes chinos que se manifestaron en la tumba de Stalin en Moscú. Al final, llega a la conclusión que el teatro verdadero es una reflexión sobre la realidad. De la misma forma que el teatro revolucionario chino es una reflexión sobre la revolución real, lo que están haciendo él y sus camaradas, tal como la interpretación sobre la Guerra de Vietnam que hacen dentro del piso, en cierto sentido, también constituye una reflexión sobre la realidad que está viviendo una parte del mundo.

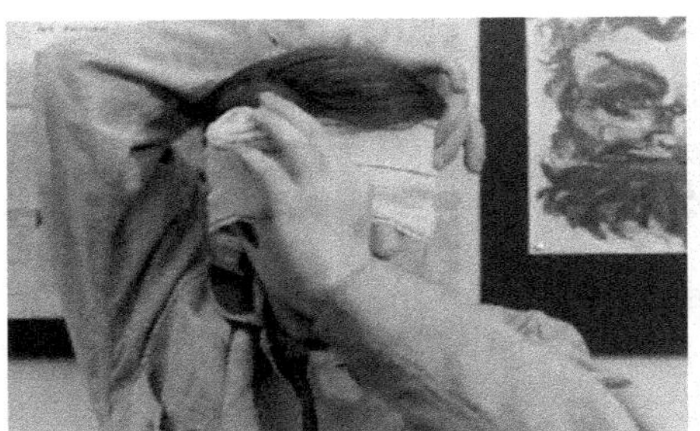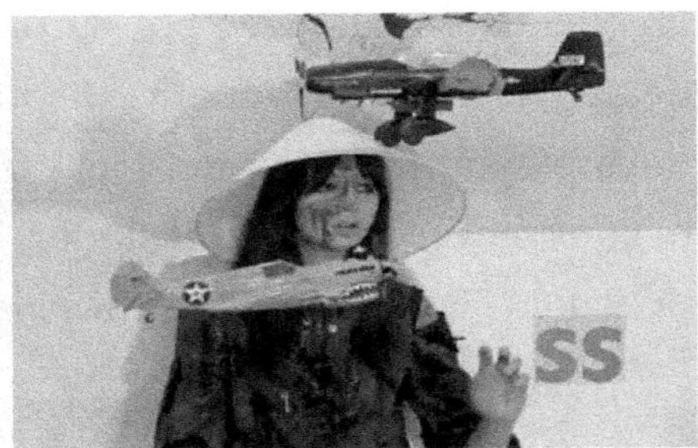

(Figuras 51 y 52: Escenas de "La Chinoise")

De hecho, en los discursos y debates políticos que realizan los jóvenes marxistas franceses, percibimos muchos reflejos de la RCC, es decir, el experimento político que hacen los protagonistas en la película coincide con el movimiento chino en muchos puntos. Por ejemplo, la violencia sirve como una vía necesaria para llevar a cabo la revolución, lo cual constituye una característica destacada de todas las revoluciones, como afirma Koselleck (2004: 33), por mucho que ha cambiado el significado del concepto "revolución", destacando "un nivel decreciente de violencia, un futuro completamente distinto, consistente en la pacífica auto organización de los pueblos", la realidad no se aleja mucho de la versión original de su significado, es decir, se siguieron y se seguirán produciendo prácticas violentas, conduciéndolo a una guerra civil u otras formas de guerras, como lo que ha sucedido en la mayoría de los casos. En la película de la que estamos hablando, la mayoría de los protagonistas coinciden en que la violencia, incluso el terrorismo, es la vía necesaria para emprender la revolución. La joven filósofa Véronique propone cerrar las universidades con terrorismo, con ella está de acuerdo el pintor Serge, quien se ofrece a suicidarse reivindicando el asesinato de Michael Cholokhov, actual ministro soviético de Cultura, durante su visita a París por invitación del gobierno francés.

Otro punto en común entre lo que están viviendo los jóvenes marxistas y la RCC consiste en la oposición con los padres y los amigos por diferentes posiciones políticas. Hemos visto en las películas chinas que los jóvenes revolucionarios suelen desobedecer a sus padres, o incluso entrar en conflicto con los mismos por defender su posición política, igual que pasa entre los enamorados y los amigos. En resumen, los sentimientos personales y los afectos familiares siempre tienen que ceder frente a la ideología política.

En la película francesa, los jóvenes estudiantes que se consideran marxistas deciden marcar distancia con sus padres, tal como lo que declara Guillaume, "Creo que tenemos que ser distintos a nuestros padres. Mi padre luchó contra los alemanes en la guerra. Y ahora dirige un "Club Mediterránea" . Ya sabe, esos complejos de vacaciones en el mar. Y lo más terrible, es que no se da cuenta de que está exactamente basado en el esquema de los campos de concentración" . Se sienten avergonzados por proceder de la clase capitalista y quieren alejarse de dicho sistema, aunque a veces no pueden evitar sacar provecho de él, como confiesa Véronique al entrevistador: "Sé muy bien que estoy fuera de la clase obrera. Es normal, procedo de una familia de banqueros y he vivido con ellos hasta ahora… Lo justo es definirme no a partir de la pobreza, sino de la prosperidad. Porque a menudo me aprovecho de ella. Aunque me dé vergüenza" .

En la última parte de la película, el joven Henri termina excluido de la célula por ser considerado revisionista y por negarse a hacer autocrítica. Véronique propone cerrar las universidades por medio del terrorismo, y Henri sostiene que hoy en día el terrorismo no conduce a nada, mostrando que él está a favor de la convivencia pacífica. Según Henri, Véronique confunde el marxismo con el teatro, lo cual para él es romanticismo. Además, insiste en que el análisis de Véronique cojea, y la conclusión que saca ella es totalmente irreal. Como no pueden llegar a un acuerdo, las diferentes posiciones políticas conducen al final a la separación del grupo.

2.3. ¿Una utopía sin salida?

En la película "La Chinoise" , el director nos presenta a los personajes que tienen una reunión con finalidad política en un apartamento prestado, donde está invadido por la iconografía del maoísmo, desde los Libros Rojos hasta los carteles sobre la RCC, lo cual muestra que "estaban reunidas todas las condiciones – no del cambio revolucionario, como se decía – sino de la escenificación de lo que puede ser una revolución" (Imbert, 2017: 51). En este piso, perteneciente a una familia burguesa, que se va transformando en la llamada "célula de reflexión" , los jóvenes estudiantes maoístas estudian las teorías sobre el marxismo – leninismo, pretendiendo investigar y analizar las situaciones concretas como la Guerra de Vietnam, con el objetivo de intervenir en dicha situación. Si observamos con atención, podemos darnos cuenta de que muchas escenas de la película se realizan en un espacio cerrado donde uno de los protagonistas se pone delante de una pizarra para dar un discurso sobre la teoría del marxismo – leninismo o sobre una cuestión política concreta, lo cual convierte dicho espacio en un aula, mientras que el objetivo del ponente consiste en enseñar, o mejor dicho, en convencer al resto de sus compañeros, así como a los espectadores, quienes asumen el papel de alumnos. El carácter didáctico de esas escenas se refuerzan junto con el empleo de las imágenes relacionadas con el tema del discurso.

Los protagonistas, jóvenes estudiantes que se consideran

marxistas, parecen ser muy firmes con su posición política y tener bastante confianza en la teoría sobre el marxismo – leninismo que tanto insisten. Sin embargo, la contestación a determinadas preguntas que les hace el entrevistador (el director) revela ciertas dudas que tienen estos jóvenes en cuanto a dicha teoría y la incógnita de cómo llevar la teoría a la práctica. Por ejemplo, cuando al actor Guillaume termina de explicar cómo es un verdadero teatro, el entrevistador le pregunta sobre qué es un "verdadero teatro socialista" , y el joven actor le responde: "No lo sé. Estoy buscando. En cualquier caso, se necesita sinceridad y ¡violencia!" . También son así de confusas las conclusiones que saca Véronique al mencionar las relaciones entre aprobar el examen y recoger melocotones. Lo que comprende la joven revolucionaria es la relación entre el estudio sobre la teoría y la importancia de llevarla a la práctica, y lo que no comprende es cómo encajar dicha relación con la vida real.

La relación entre la teoría que sostienen los jóvenes revolucionarios y la realidad de llevarla a la práctica se manifiesta a través de la definición del Marxismo – Leninismo que hace Yvonne, y la conversación que tienen Véronique y el filósofo francés Francis Jeanson en la tren hacia Nanterre. La esperanza sobre el Marxismo – Leninismo es como el sol que nunca se pone en el corazón de Yvonne, no obstante, la realidad es totalmente otra cosa. El diálogo entre la protagonista y el filósofo pone en manifiesto las debilidades del plan que tienen los jóvenes revolucionarios: en primer lugar, son conscientes de los problemas que existen en las universidades de Francia y deciden cambiarlo, pero no tienen ningún plan concreto y eficaz, lo único que tienen en la mente es imitar los hechos que han pasado en China, es decir, cerrar las universidades por medio de terrorismo, sin saber cuál es siguiente paso; en segundo lugar, se trata de una revolución por parte de un grupo minoritario que no tiene respaldo, y según el filósofo, no se puede hacer una revolución unos minoritarios para otros mayoritarios; en tercer lugar, se puede participar en una revolución, pero no se puede inventar una revolución; en cuarto lugar, las lecciones que han sacado desde China son muy abstractas, en realidad, no se pueden sacar lecciones mediante las suposiciones... Al final de la conversación, Francis Jeanson niega completamente el plan que ha propuesto Véronique, sosteniendo que es un error y que se está metiendo en un callejón sin salida.

Aunque fue negado absolutamente por el filósofo, Véronique y sus compañeros decidieron llevar a cabo su plan revolucionario terrorista. Lo irónico es que durante el proceso de terrorismo, Véronique se equivocó de número de habitación y mató a la persona equivocada. Tuvo que volver otra vez al edificio para matar a la persona indicada. Más tarde, volvieron las dueñas del piso, quitaron todos los posters de la pared, tiraron abajo todos los Libros Rojos, y borraron todos los lemas escritos en las puertas, como si todo lo que había pasado en este piso fuera solo un sueño. La película termina con la voz de Véronique de fondo: "Ya estaba todo pensado. el verano acababa y empezaban las clases, luego la lucha para mí y algunas camaradas, pero por otra parte, me equivoqué, creí haber avanzado mucho, pero solo había dado un tímido primer paso" .

El final de la película da la sensación de que todo lo que ha pasado en el piso no es nada más que un juego organizado por un grupo de estudiantes burgueses que no se sienten identificados con su clase, sin embargo, lo que no se puede negar es que se ha convertido en una declaración política premonitoria de las revueltas del Mayo del 68 francés. A parte de eso, la visión propia del cine y del mundo que proporciona el cineasta ha conseguido una estética cinematográfica original y personal que ha dejado influencias trascendentales en el cine posterior.

3. "Les chinois à Paris", de Jean Yanne

La película "Les chinois à Paris" , inspirado en el libro de Robert

Beauvais "Quand les chinois..." , inventa una invasión hipotética de Europa por el ejército chino y muestra la reacción de las diferentes clases de la sociedad francesa.

El productor, guionista, director y actor de dicha película, Jean Yanne, tiene mucha fama en el ámbito del cine. Como comediante, actuó en 99 dramas durante toda su vida. Ganó el Premio al Mejor Actor en Cannes con la película "Nous ne vieillirons pas ensemble" . También hizo presentación en filmes famosos como "Madame Bovary" , "Indochine" , etc. Actuó en dos películas en 2003, el mismo año cuando falleció, una de las cuales es el largometraje famoso "Gomez & Tavarès" . Siendo guionista y director, no tuvo muchas producciones, entre las cuales, la película "Les chinois à Paris" constituye su cuarta obra. La mayoría de las producciones en que hizo interpretaciones fueron comedias. De hecho, ya empezó a participar en los programas de talkshow a partir de la década de los años sesenta, criticando y burlándose de los vicios y los políticos de la época mediante la imitación de las personas famosas de forma cómica. De modo que el film "Les chinois à Paris" , sea por el contenido o por la forma, se puede considerar una continuación de ese estilo satírico.

3.1. Los símbolos de China y de la RCC

Como hemos mencionado anteriormente, se trata de una película hecha bajo la influencia del Mayo de 68 francés, por lo que se observan muchos elementos representativos del maoísmo o de la RCC que tanto impacto había dejado en la sociedad francesa, aunque muchos de esos símbolos fueron representados de forma burlesca.

- El uniforme militar chino

El uniforme militar verde que aparece en la película, el cual lleva un trozo de tela roja en el cuello y una estrella roja en la gorra, es la identificación del ejército chino, por lo que representa la invasión y el poder, es decir, el lugar donde se ve el uniforme, está bajo el control de los militantes chinos. La invasión se expande a casi todos los sectores de la sociedad francesa, hasta que la presentadora de la televisión también aparece con ese uniforme.

- *El Libro Rojo*

El Libro Rojo, siendo uno de los símbolos más representativos del maoísmo, también aparece con mucha frecuencia en la película, sirviendo como la encarnación de la ideología socialista. Muy a menudo, los soldados chinos levantan los brazos sosteniendo el Libro Rojo como una forma de rendir homenaje al dirigente político o para transmitir una orden del partido, o simplemente se reúnen para estudiar el contenido del libro, lo cual es obviamente una interpretación humorística de los tópicos sobre la RCC.

- *Los lemas revolucionarios*

Como Francia está totalmente invadida, se encuentran los lemas revolucionarios, tanto en chino como en francés, por todos lados en la ciudad de París (en las calles, las fábricas, los centros comerciales, los trenes, etc.), convirtiéndola en otro centro de la RCC a través de la típica escenificación de dicho movimiento.

- *Las denuncias entre los ciudadanos y la sesión de lucha*

Las formas principales de realizar la democracia socialista también han sido imitadas en la sociedad francesa, incluso han renovado las formas de implementarlas. Por ejemplo, mediante la educación del comité central, los ciudadanos franceses empiezan a denunciarse entre sí, como lo que hacen en la RCC en China, solo que en Francia se realiza por medio de cartas anónimas. Las personas que han sido delatadas, sobre todo los capitalistas y la gente que ha cometido los delitos contra las reglas socialistas, y las que no quieren o no tienen la consciencia de hacer la denuncia a otras personas, han sido llevadas a la sesión de lucha para ser condenadas.

La sesión de lucha adopta los recursos modernos y aparece en la televisión con el objetivo de educar al pueblo. El comentario de la voz en off discrimina al exponente señalando "su nariz enganchada y sus labios carnosos", luego pide al espectador que exprese todo su desprecio, y que se desahogue escupiendo en su televisor, lo cual hace que se parece más a un show con fines de entretenimiento.

- La confiscación de las propiedades personales

La confiscación de las propiedades personales, sobre todo el hecho de que los revolucionarios convivan con los ciudadanos comunes y corrientes durante la RCC, tiene el objetivo de trasmitir de forma más eficaz la ideología revolucionaria y garantizar los comportamientos correctos del pueblo. En la película ese elemento de la revolución también aparece de modo burlesco, puesto que en vez de cumplir los fines revolucionarios, han conducido a más farsas.

- La ópera revolucionaria

El ballet de la ópera "Carmen" constituye una de las escenas más atractivas de toda la película. Con el fin de complacer a los altos cargos del ejército chino, los franceses que forman parte del Comité Central revolucionario deciden organizar una actuación de ópera que cumpla la función de educar al pueblo con los pensamientos revolucionarios. En el baile adaptado de la ópera original "Carmen" , los bailarines y bailarinas se visten como los revolucionarios chinos, y siguen fielmente el estilo de la ópera revolucionaria china para interpretar una historia sobre un soldado del Ejército Rojo, quien es engañado por una espía que se infiltra en el ejército, decide ir a buscarla después de ser castigado por haber cometido el error de liberarla a escondidas. Cuando la localiza junto con los soldados estadounidenses capitalistas, la traidora intenta engañar al soldado otra vez diciéndole que le ama, sin embargo, éste descubre sus verdaderas intenciones y la mata de forma contundente.

(Figuras 53 y 54: La ópera revolucionaria "Carmen" en "Les chinois à Paris")

3.2. Una lupa de la sociedad francesa bajo la invasión

En término estricto, "Les chinois à Paris" no es una película sobre el tema de la invasión, sino una película que utiliza la ocupación para mostrar lo que es para el director la verdadera idiosincrasia de Francia, una sociedad cobarde, ociosa, abrumada e incompetente, reflejada por los individuos que se comportan de distintas formas frente a la invasión.

Tenemos en la película individuos cobardes y aduladores, tales como el presidente, hundido en el pánico, que tranquiliza a su pueblo con el discurso de "la situación es grave, pero no desesperada" , para luego huir rápidamente a EE.UU. en avión; el general incompetente que no encuentra la llave del arma nuclear; el obispo que se presenta ante el nuevo gobernador chino diciéndole: "La Iglesia apoya la lucha justa del pueblo chino. La causa de Dios es la causa de todo el pueblo" ; y un periodista haciendo adulaciones al gobernador chino declarando, "La prensa está con usted, mi general, para informar al pueblo de las grandiosas transformaciones sociales que ha hecho usted en nuestra tierra" .

Encontramos también en el film a colaboradores fieles, como Grégoire Montclair, un gerente nocturno que se convierte en un defensor firme del marxismo—leninismo. Existen asimismo los colaboradores oportunistas, como Régis Forneret (Jean Yanne), el hilo de toda la película, quien se enriquece y sube de escala social mediante adaptarse al nuevo mercado. También está el resistente

Fontanes que pasa de ser gaullista para convertirse en un comunista de carne y hueso, después de recibir la "reeducación" durante tres meses en China, y posteriormente se hace el jefe del "comités de purificación" en contra de los capitalistas franceses... Todos esos individuos forman parte de una sociedad francesa llena de cobardes, traidores y especuladores bajo la invasión.

Las consecuencias de la invasión sirven como elementos originales e iconoclastas para reforzar los aspectos cómicos. Por ejemplo, Francia está designada para fabricar tubos de estufa por tener la fama de ser "fumistas" (malentendido de la ambigüedad de la palabra); el alto comandante chino elige el edificio Galeries Lafayette, en vez de las iglesias y los otros edificios más históricos y formales, como la sede del comité central; se sustituyen los automóviles por rickshaws para solucionar el problema del atasco; está prohibida la fornicación para el bien del pueblo porque toda la energía debe dedicarse al trabajo; se organizan actuaciones ridículas por la campaña de la amistad chino—francesa, etc., todo esto es solo un marco que permite colocar a la población francesa frente a una cultura totalmente diferente, y hacer resaltar los valores ridículos.

Sin embargo, detrás del sarcasmo, la colaboración y la resistencia que hace un grupo de franceses en contra del ejército chino al final de la película muestra que el director aún aprecia al pueblo francés tal como es, a pesar de todos sus defectos humanos.

3.3. La polémica de la censura

Hay que admitir que no fue fácil abordar un tema político que suponía un posible ataque a los pensamientos del entonces líder político chino en un momento en que el cine sobre la ideología marxista—leninista tenía muy buena prensa. De hecho, después del estreno de dicha película, el director Yanne recibió oleadas de críticas. La mayor parte de la crítica vino por parte de los militantes de izquierda que se sentían indignados, considerando la película como un ataque vulgar al maoísmo debido a la desinformación y el malentendido. La prensa de la época no dejó de acusar a la película por ser racista, a pesar de que el propio autor manifestaba en todas las entrevistas que su intención no era ridiculizar a los chinos, que no aparecían armados en la película, sino tirando flores, del mismo modo que se burló de los comportamientos de los franceses frente a la invasión.

Los comentarios sobre este film se dividieron en dos bandos. Unos defendían el sentido de humor agudo de Jean Yanne, otros, indignados, apoyaban los comentarios publicados por los miembros de "Amitiés franco-chinoises" que atacaban la película para promover la protesta diplomática y reclamar la prohibición del propio film.

Poco tiempo después del estreno de dicha película, un redactor de «L' Humanité Rouge» envió una carta al presidente Georges Pompidou, exponiendo los motivos por los que debería ser censurada la película "Les chinois à Paris" :

... En mi calidad de francés, le ruego disponga las medidas necesarias para que sea prohibida y sancionada por el ultraje al pueblo chino que supone esta película provocadora y odiosa. En mi calidad de antiguo combatiente de la Resistencia y de la guerra contra los nazis, le ruego asimismo tome las medidas necesarias para que sea preservado el honor de nuestro pueblo, contra el que atenta esta película mentirosa y difamadora. Jamás el general De Gaulle, del que el presidente chino pudo apreciar sus méritos como hombre de Estado, patriota y antifascista durante la segunda guerra mundial, hubiera tolerado el desafío criminal lanzado por esta película a la amistad de los pueblos francés y chino y a la corrección de las relaciones entre ambos Estados, de las que fue De Gaulle quien también tomó la iniciativa histórica. En mi calidad de amigo del gran pueblo chino, pacífico, trabajador y desembarazado de la basura moral característica de las sociedades capitalistas, le ruego tome las medidas oportunas para que esta película racista y fascista sea inmediatamente retirada de las pantallas parisinas. Si invoca usted la pretendida libertad democrática

de nuestro sistema para justificar el mantenimiento en las pantallas de este producto rigurosamente contrario al espíritu de nuestro país y de nuestro pueblo, se hará usted cómplice, señor Presidente de la República, de un golpe bajo contra Francia y contra el prestigio moral del pueblo francés... (G., 1974: 39)

Refutando el comentario anterior, Pierre Billard declaró en "Le Journal de Dimanche" :

La cólera que esta película despierta en algunos me parece sospechosa. No hablo de los chinos: sin duda ellos no comprenden nuestros bizantinismos, de la misma forma que nosotros no comprendemos los suyos. Que se tomen en serio"Les chinois à Paris"y se indignen es su problema. Pero veo a compañeros arrojar al fango la película de Jean Yanne. Compañeros que han reclamado mil veces que el cine francés huyera de las banalidades para abarcar una preocupación por las realidades políticas, sociales y humanas de nuestro tiempo. Compañeros que han utilizado como ejemplo el cine americano,"que no duda en mostrar el auténtico rostro, cruel, cínico, hipócrita y egoísta de la nación americana". ¿Y entonces?, ¿qué hace Jean Yanne sino eso? Es él quien nos enseña los problemas. Y no lo hace a medias. (G., 1974: 39)

El comité de censura francés tuvo que dar una respuesta con respecto a ese debate, manifestando que no existía censura política en Francia, por lo tanto, no había razón por lo que se prohibía la exhibición pública de dicha película.

Desde la perspectiva de una espectadora china, es verdad que en la película el ejército chino gobierna la sociedad francesa de forma absurda, por ejemplo, designan a Francia para la producción de tubos de estufa por la fama de ser "fumistas" ; prohíben la fornicación por el bien de los ciudadanos; obligan a abandonar los automóviles que son "peligrosos, contaminantes e imperialistas" para solucionar el atasco, etc. Sin embargo, hay que admitir que los chinos no se presentan como invasores malvados, sino más bien ingenuos, y no tienen nada que ver con la brutalidad e inhumanidad de los nazis. De hecho, los chinos no se presentan como individuos, sino de forma coral, como una comunidad conjunta, disciplina y anónima, todo lo contrario de los franceses que se comportan de forma individual por su propio bien. Son numerosos los soldados chinos, y por el esfuerzo de colectivización, todos tienen que trabajar, lo cual conduce a las escenas ridículas de que los soldados chinos se mantienen en cola para traspasar los objetos del uno al otro. En definitiva, no es apropiado considerar dicha película como una discriminación al pueblo chino mientras que los ciudadanos franceses están diez veces más ridiculizados. Lo que Jean Yanne intenta expresar realmente es una crítica a los maoístas franceses (en ese momento había bastantes personas que lo reclamaban, incluido el famoso director Jean-Luc Godard) y a la aberración del pensamiento maoísta.

Capítulo VI: Las películas occidentales hechas después de la RCC

Debido a que la RCC es un tema político muy delicado y que siempre ha habido una censura estricta, las informaciones que se pueden acceder sobre dicho tema son muy limitadas en los países extranjeros. Aún así, ha habido directores occidentales que se han atrevido a abordar esta tema a lo largo de la historia, cuyas obras han servido como materiales muy valiosos que interpretan este movimiento a través de la perspectiva desde fuera de China.

Tenemos "The Last Emperor" ("El último emperador") del director Bernardo Bertolucci (italiano) que se estrenó en 1987, "M. Butterfly" de David Cronenberg (estadounidense) de 1993, "Le Violon rouge" ("El violín rojo") que dirigió François Girard (canadiense) en 1998, "Balzac et la petite tailleuse chinoise" ("Balzac y la joven costurera china"), adaptada de la novela homónima escrita por el autor chino Dai Sijie, y dirigida por el propio escritor junto con el coguionista francés Nadine Perront en 2002, "The dreamers" ("Soñadores"), basada en la novela del guionista Gilbert Adair, y dirigida por el director francés Bernardo Bertolucci en 2003, el mismo director que hizo la película "The Last Emperor" ("el último emperador"), y "Wolf Totem" ("El ultimo lobo"), dirigida por Jean-Jacques Annaud (francés) en 2015.[34]

1. La RCC como paisaje de la historia

En comparación con las dos películas francesas que se rodaron en plena revolución, en las cuales dicho movimiento constituye un elemento que atraviesa a lo largo de toda la película, (es decir, toda

---

34 En el siguiente texto solo mencionamos las películas occidentales por el título traducido al español.

la historia que cuenta el largometraje se produce durante la época de este acontecimiento), en la mayoría de los filmes que se hicieron posterior a dicho movimiento, la RCC deja de ser el único contexto histórico, y se convierte en un componente que forma parte de una historia más extensa, perdiendo su carácter especial. Ese fenómeno se debe, en cierto sentido, a que dichas películas pertenecen al género biográfico o se basan en hechos reales, por lo que la historia de los protagonistas suelen abarcar varias décadas, entre las cuales, la RCC constituye simplemente un elemento integrante, igual que cualquier otro suceso histórico, que forma parte de toda la historia, como una fase, que vive el personaje.

Debido a que dichas películas abordan una línea temporal bastante larga en que la historia sucede en distintos espacios geográficos, suelen emplear los marcadores temporales y de lugar para indicar las ubicaciones y las épocas históricas, creando un efecto épico.

1.1 "El último emperador"

"El último emperador" es una coproducción de Italia, China, Francia y Reino Unido, y es el primer largometraje occidental que obtuvo la autorización de China para realizar el rodaje en la Ciudad Prohibida de Beijing. Ganó 9 premios Óscar en 1987. Cuenta la vida de Pu Yi que atraviesa seis décadas, durante las cuales pasa de ser el emperador a convertirse en un ciudadano común y corriente de la república.

Siendo el último emperador de China, subió al trono en 1908 cuando tenía tres años, y vivió en la Ciudad Prohibida de forma obligatoria sin poder salir. Allí conoció a su tutor inglés, Reginald Johnston, en 1919, quien le abrió la puerta del mundo occidental, y empezó a tener anhelos de ir a vivir a Occidente. En 1922 se vio obligado a casarse con Wan Rong, de 17 años, y a escoger una segunda esposa, Wen Xiu, de 12 años. Dos años más tarde, se produjo el Golpe de Pekín por parte del ejército republicano, por lo que

Pu Yi y sus dos esposas se vieron obligados a abandonar la Ciudad Prohibida. Por primera vez en su vida tuvieron acceso al mundo exterior. Bajo el asilo de los japoneses, Pu Yi y sus dos esposas se fueron a Tianjin para vivir. Poco tiempo después, la segunda esposa Wen Xiu se cansó del matrimonio que tenían entre los tres, pidió el divorcio y desapareció. Los japoneses aumentaron el control sobre Pu Yi y designaron a una espía para vigilar a Wan Rong, mientras que el tutor Johnston tuvo que volver a su país en 1931. Tres años después Japón invadió las tres provincias del norte de China y pidieron que Pu Yi fuera el emperador del imperio llamado Manchuria, con la verdadera intención de convertirle en un gobernador títere para controlar toda la China. Y éste, devorado por las ganas de restaurar su reino, ignoró los consejos de su esposa y aceptó ascender al trono con la excusa de que su pueblo le había abandonado. Wan Rong se volvió adicta al opio por culpa de la espía y cometió adulterio con el conductor de Pu Yi, con quien tuvo una hija que fue asesinada por los japoneses al nacer, lo cual le hizo mucho daño psicológico. Posteriormente los japoneses la separaron de Pu Yi. Bajo la supervisión y la humillación de los japoneses, Pu Yi ejerció el papel de emperador marioneta durante varios años, hasta que Japón se rindió incondicionalmente en agosto de 1945. Se desintegró el imperio de Manchuria, mientras que Pu Yi fue arrestado por los soldados soviéticos en el aeropuerto de Changchun cuando intentó escaparse, y allí terminó la primera mitad de su vida.

Toda esta historia es narrada en forma de memorias, interrumpidas por otra historia que empieza en 1950, cuando los criminales y los traidores del país fueron escoltados desde la Unión Soviética a China. Cuando llegaron a la estación de Manchuria que estaba en la frontera chino-soviética, Pu Yi, el último emperador de China, pensaba que le condenarían a la pena de muerte, se metió en el baño e intentó suicidarse cortándose la muñeca. El director de la gestión criminal del gobierno chino se dio cuenta de la situación a tiempo, forzó la puerta del baño y lo salvó. Posteriormente empezó el interrogatorio sobre sus delitos de traición y su vida como prisionero durante los siguientes diez años. En la cárcel pasó de ser un emperador soberbio que no sabía vestirse por su propia cuenta, a ser un persona común y corriente que podía ayudar en los trabajos de la cárcel. Fue indultado en 1959 y trabajó como jardinero después de salir de la cárcel. Ocho años más tarde, empezó la RCC en que la sociedad experimentó un cambio trascendental.

Un día de camino a casa se encontró con un grupo de personas"criminales"escoltadas por los Guardias Rojos, entre los cuales estaba el director de la gestión criminal que lo salvó. Pu Yi se acercó insistiendo que el director era buena persona, y que posiblemente se habían equivocado en condenarle, y los Guardias Rojos le contestaron que era un revisionista y derechista que no reconocía su delito, y por eso era el enemigo del partido. Al final de la película, Pu Yi se fue solo a la Ciudad Prohibida que ya se había convertido en el Museo del Palacio, subió al trono, y le dijo al niño que custodiaba el museo que él era el último emperador de China. Para comprobarlo, sacó la jaula de saltamontes que el mismo escondió debajo del cojín hace 50 años. Murió un año después de que empezó la RCC, y se convirtió en la historia que cuentan los guías a los turistas.

La película utiliza escenas retrospectivas para intercalar una historia (la vida de Pu Yi después de ser arrestado: 1950 – 1959 en Fushun, 1959 – 1967 en Beijing) en la otra (la vida de Pu Yi desde su traslado a la Ciudad Prohibida hasta la destrucción de Manchuria: 1908 – 1927 en la Ciudad Prohibida, 1927 – 1934 en Tianjin, 1934 – 1945 en Manchuria). La primera historia constituye la estructura principal de la película que empieza en 1950, mientras que la segunda consiste en los recuerdos del protagonista que comienzan a partir de 1908 y terminan en la derrota del imperio de Manchuria cuando Pu Yi fue capturado, y converge en la primera historia en su comienzo, creando un efecto épico impactante.

La RCC se produjo 7 años después de que fuera indultado, en el penúltimo año de la vida de Pu Yi, cuando ya había abandonado todas las costumbres de la vida que tenía cuando era emperador, trabajando de jardinero como un ciudadano común y corriente todos estos años. Dicho movimiento, igual que los otros sucesos históricos que tuvieron lugar a lo largo de la película, forma parte del conjunto de la línea temporal de la historia del protagonista y ejerce efecto sobre su propia vida.

Por ejemplo, la Revolución de Xinhai que se produjo en 1911 acabó con la última dinastía de China y declaró el comienzo de la época republicana, motivo por el que a Pu Yi le estaba prohibido salir de la Ciudad Prohibida, puesto que el mundo de fuera ya no estaba bajo su control. El Golpe de Pekín de 1927 marcó el fin de su vida en la Ciudad Prohibida, y se vio obligado a trasladarse a Tianjin con el asilo de los japoneses. La rendición incondicional de Japón en 1945 implicó la finalización del imperio de Manchuria, lo cual obligó a Pu Yi a empezar su vida como prisionero...

La llegada de la RCC estropeó el orden normal de la sociedad, subvirtiendo los valores morales y la justicia, lo cual se ve reflejado en el cambio de la indicación de los semáforos (verde para detenerse y rojo para avanzar), y también en la conversación que tuvieron entre Pu Yi y los Guardias Rojos en cuanto al director de la gestión criminal. Pu Yi intentó convencer a los jóvenes Guardias Rojos de que el director era un hombre bueno, lo cual es una conclusión real que conforme con los valores morales correctos, sin embargo, lo único que recibió era la indiferencia y el maltrato por parte de los Guardias Rojos. Para los ciudadanos corrientes, la RCC supone estar callados y mantenerse lejos de los Guardias Rojos; para el director de la gestión criminal y las otras personas perseguidas de forma inmerecida, dicho movimiento representa la injusticia y el sufrimiento; y a Pu Yi, la revolución le causa confusión e impotencia.

1.2. "M. Butterfly"

"M. Butterfly" es un largometraje estadounidense dirigido por David Cronenberg, basado en la obra de teatro homónima creado por David Henry Hwang, que se basa a su vez en los hechos reales entre el espía chino Shi Peipu y el diplomático francés Bernard Boursicot. Es considerada una de las películas poco conocidas y valoradas de este director por desviarse demasiado de los temas que normalmente aborda.

La historia que narra la película comenzó en los años sesenta en Pekín. René Gallimard, quien trabajaba como contable en la embajada francesa, recién llegado a Pekín con su mujer. En una ocasión especial, tuvo la oportunidad de escuchar la ópera Madama Butterfly, y se quedó fascinado por la interpretación de la diva de la ópera Song Liling, razón por la que empezó a asistir con más frecuencia a la ópera china. Desconociendo el hecho de que las mujeres tienen prohibido actuar en dicho género artístico, confesó su amor a "la artista" que consideraba una mujer oriental bella, misteriosa y sumisa, sin poder descubrir su verdadero género ni su identidad de espía. Mientras avanzaba la relación entre los dos, Liling no dejaba de pasar información que obtenía a través de René al gobierno chino. Para seguir cubriendo su género, fingió un embarazo e inventó la excusa de tener que ir a la casa de sus padres por una antigua tradición hasta que cumpliera los tres meses el bebé. Debido a la RCC, René se vio obligado a volver a Francia. Más tarde, Liling apareció en la puerta del piso donde vivía René en Francia de forma inesperada, y le aconsejó a René que trabajara como cartero de valijas diplomáticas, con el fin de seguir espiando informaciones para China. Los dos vivieron juntos hasta que fueron arrestados por espionaje. Durante el juicio, René descubrió por primera vez que su amante era hombre. Mientras Liling regresaba a China, René se suicidó después de representar ante los prisioneros la escena final de la ópera Madama Butterfly.

La historia de los dos protagonistas duró casi 20 años, durante tal período, la aparición la RCC dio un giro imprevisto para la vida de ambas personas. El diplomático francés se vio obligado a abandonar China porque "el movimiento estudiantil conocido como 'la Guardia Roja' ha emergido erigiéndose como una fuerza política reaccionaria dispuesta a utilizar cualquier excusa para justificar la expulsión de todos los extranjeros de China" . Mientras que René fue evacuado para volver a su propio país, Song Liling fue etiquetado como criminal y enemigo de la Revolución por representar los "cuatro viejos" , y fue llevado al campo de "reeducación" junto con los otros artistas, escritores e intelectuales. Si la relación entre los dos está destinada a morir, lo que hace la RCC es acelerar ese proceso.

1.3."El violín rojo"

La película canadiense "El violín rojo" , rodada en diferentes países y hablada en distintos idiomas (italiano, alemán, francés, mandarín e inglés), fue estrenada en 1998, y ganó el premio de la Academia por la Mejor Música Original por gozar de una banda sonora brillante. Cuenta la historia de un violín que viaja durante más de tres siglos, pasando por muchas situaciones y manos distintas, desde su concepción en Italia en el siglo XVII hasta la época actual en que llega a Montreal para ser subastado. La película empieza con la escena retrospectiva de la subasta, utilizando una estructura laberíntica, intercalando pasado y presente, para presentarnos cinco historias, o cinco viajes, que experimenta el violín con respecto a sus sucesivos dueños. Cada historia comienza con las cartas del Tarot que predicen el destino de una mujer que está a punto de dar a luz, que curiosamente concuerda con el destino del violín.

La primera historia cuenta la creación del violín por un maestro artesanal, considerando su obra maestra, para su hijo que estaba a punto de nacer. Sin embargo, tanto su mujer como su hijo murieron durante el parto. Para conmemorar a sus familiares fallecidos, el artesano tiñó el violín de rojo mezclando la pintura con la sangre de su difunta esposa.

La segunda historia estaba situada en el siglo XVIII, cuando el violín fue heredado por un monasterio que acogía a niños abandonados o huérfanos, donde recibió la visita de Georges Poussin, maestro de música, quien estaba impresionado por el talento de tocar el violín que tenía el niño prodigio, Kaspar Weiss, y se lo llevó a su casa para preparar su audición frente a un príncipe, con ensayos agotadores diarios, a pesar de la salud delicada que tenía el niño. El resultado fue que antes de que empezara a tocar, el príncipe quería quedarse con el violín de Kaspar, y el niño cayó muerto por el estrés y el miedo de que le quitaran el violín. Los monjes lo enterraron junto con su violín.

La tercera historia sucedió a finales del siglo XIX. El monasterio fue destruido y las tumbas saqueadas, mientras que el violín fue comprado por un aristócrata, Frederick Pope, quien se ensayaba con el violín mientras hacía el amor con su novia. Ésta se fue de viaje, y los dos amantes se enviaban cartas románticas, sin embargo, al regresar, la mujer encontró a su novio en la cama con otra, tocando el violín. Desesperada, la mujer disparó al violín.

La cuarta historia se ubica en los años treinta del siglo XX en China. Una mujer china compró el violín rojo con un agujero en el mango en la tienda de un anticuario, y se lo regaló a su hija Xiang Pei. 30 años después empezó la RCC, y Xiang Pei se vio obligada a quemar todos los libros y revistas occidentales, pero tenía demasiado cariño al violín rojo para destruirlo, de modo que se lo dio al profesor de música Zhou Yuan para que lo escondiera.

La última historia se produjo en la década de los 90. Murió el profesor Zhou Yuan y el gobierno chino decidió subastar los instrumentos que tenía coleccionados, por lo que el violín rojo llegó a la casa de subastas Montreal en Canadá, donde se descubrió el misterio del color rojo de dicho violín legendario, es decir, el barniz que se utilizó para pintar el violín contenía sangre humana. Durante la subasta, el violín rojo original fue cambiado con una copia por Morritz, quien sabía el valor y el significado verdadero de dicho instrumento y quería regalárselo a su hija, pero era incapaz de comprarlo por el alto precio. Hasta allí terminó el viaje del violín durante más de tres siglos.

Como se puede ver, la RCC que aparece en la película forma parte del viaje conjunto que experimenta el violín, y se destaca por el rechazo a todos los elementos que vienen de la cultura extranjera, motivo por el que el violín, siendo un instrumento occidental, corre el riesgo de ser destruido, como lo que predice la carta de Tarot, "habrá un juicio, un gran juicio, ante un gran magistral, y la declararán culpable. Cuidado, el fuego la amenaza" . Se escapa de ser quemado y logra sobrevivir porque el profesor de música, Zhou Yuan, a pesar de haber sido castigado por el "delito" de enseñar música occidental a sus alumnos, sigue apreciando el valor del arte, y acepta la petición de Xiang Pei de esconderlo.

2. La representación estereotipada de China y de la RCC

Las películas anteriores que hemos mencionado son dirigidas por directores occidentales, quienes presentan en dichos largometrajes una imagen de China a través de la perspectiva propia exterior. Aunque algunas de ellas tienen carácter biográfico o se basan en hechos reales, para cuyo rodaje los directores y productores contrataron seriamente a respetuosos historiadores chinos como consultores, recurriendo a una gran cantidad de materiales históricos relacionados (en el caso de "El último emperador"), no dejan de ser interpretaciones de la historia que, en vez de hacer difusión o crítica de la historia, pretenden maximizar los beneficios comerciales por medio de entretener al público.

Para lograr dicho objetivo, la historia ha de ser contada de forma atractiva, encadenando las partes más llamativas, con el fin de cautivar la atención de los espectadores. Este es uno de los problemas generales que se plantean en los campos artísticos cuando han de dar cuenta de fenómenos históricos. No se trata solo de la percepción del autor sino que, al ser el medio cinematográfico tan dependiente del público por sus inversiones, este se convierte en un condicionante, influyendo desde los formatos de los géneros narrativos a los temas estereotipados, su carácter heroico, etc. Las geografías, los relatos históricos, etc. tienen muchas veces sus convenciones narrativas que afectan a la representación histórica, que también tiene sus propias convenciones (sociales, políticas, etc.)

Por ese motivo, muchos elementos de "rareza" que provienen de la cultura de la China antigua, tales como el énfasis de la presencia del budismo y de la poligamia en "El último emperador" , así como la imagen ideal de las mujeres chinas que sostiene el protagonista en "M. Butterfly" , se han convertido en un medio eficaz que utilizan los directores con el objetivo de cautivar la atención y el interés del público, satisfaciendo su curiosidad por un país oriental lejano y misterioso. El resultado, aparentemente, es fortalecer los estereotipos que se tienen sobre la sociedad china, tanto de su cultura como de la RCC, como un caso específico.

2.1. La estereotipación oriental desde la perspectiva occidental

¿Por qué, cuando pensamos en Oriente, tenemos una idea preconcebida tanto del tipo de gente como de la forma de vivir, lo que ellos creen y cómo lo creen, aunque nunca hayamos estado en ese lugar ni hayamos conocido a nadie de allí personalmente? Edward W. Said lo se pregunta. Su respuesta es que ese conocimiento se obtiene de forma consciente y subjetiva, como resultado de un proceso que revela ciertos intereses que vienen principalmente de dos potencias: EE.UU. y Europa. Ambas partes observan al mundo de Oriente por medio de una lente torcida denominada "orientalismo" , término inventado por "conquistadores, administradores, académicos, viajeros, artistas, novelistas y poetas británicos y franceses" (Said,

1990: 10) para impartir el conocimiento sobre el mundo oriental creando estereotipos que conducen a una visión en general negativa. "La exterioridad de la representación está siempre gobernada por alguna versión de la perogrullada que dice que si Oriente pudiera representarse a sí mismo, lo haría; pero como no puede, hace el trabajo Occidente y para el pobre Oriente, es decir, no pueden representarse a sí mismos, deben ser representados" (Said, 1990: 45).

Said define el Orientalismo como una proyección de Occidente sobre Oriente y su voluntad de gobernarlo. Con el objetivo de conocer lo oriental, no para comprenderlo y convivir, sino para dominarlo mejor, el Occidente establece una serie de verdades sobre el Oriente. Este conocimiento que tiene el Occidente sobre el Oriente es fundamento para una relación de dominación en la que el Occidente nunca pierde su ventaja. Said también afirma que ningún conocimiento es puro, sino que siempre está abarrotado de lo político, lo cual implica que al momento de estudiar Oriente, un norteamericano o un europeo siempre piensa "situado" , establecido en un tiempo histórico y en un lugar determinado, y eso siempre incluye una mirada política.

Según lo que nos explica Said, los conocimientos que heredaron Balfour y Cromer sobre el Oriente, tanto del orientalismo como de sus propias experiencias, se pueden reducir en los siguientes puntos:

- La mente europea tiende a razonamientos precisos y a la exactitud, mientras que el razonamiento oriental, igual que sus calles, carece de simetría, suele ser impreciso, pero lógico.

- Los orientales son crédulos, a los cuales les faltan el valor y la iniciativa, y son propensos a la adulación servil.

- Los orientales son crueles con los animales, no son capaces de ir por una calle de forma ordenada, no como los europeos que saben que la acera sirven para caminar.

- Los orientales son desconfiados y mentirosos indiferentes, todo lo

contrario que la claridad que tienen los europeos.

A parte de lo mencionado anteriormente, se cree que el Oriente es un mundo peligroso que se opone a los valores que la cultura occidental considera normales. Según Said, todos esos conocimientos sobre el Oriente no pretenden explicar este mundo tal como es, ni para establecer una relación de convivencia con igualdad, sino que tienen el objetivo de crear una relación jerárquica en la que el Occidente es el erudito que sabe qué es el Oriente y qué es lo mejor para él.

El Orientalismo se percibe especialmente en las películas "El último emperador" y "M. Butterfly" . En la primera, el observador occidental es el tutor escocés Reginald Johnston, y en la segunda, el diplomático francés René Gallimard. Los observados, Pu Yi, el último emperador de China, y Song Liling, "una diva" de la ópera china y espía, aunque son casos individuales, en cierto sentido, pueden representar el estado de vivencias del pueblo chino desde el punto de vista de los occidentales.

2.2. El orientalismo en"El último emperador"

En "El último emperador" , China es representada como un país lejano y misterioso a través de una gran cantidad de escenas extravagantes. Por ejemplo, los eunucos huelen el excremento del emperador para modificar la dieta; el emperador, siendo un muchacho que ya tiene ocho o nueve años, sigue mamando de su ama de cría en público; uno de los eunucos es obligado a beber la tinta para demostrar su obediencia a su majestad; los eunucos, cuando son despedidos por Pu Yi, le rinden el homenaje de rodillas, con el recipiente donde guarda su órgano genital en las manos, etc.

Cuando haya una incomprensión o una falta de control sobre la connotación profunda de una cultura, lo que se suele hacer es estereotipar de forma parcial ciertas características de dicha cultura. En esta película citada, la imagen de China se refleja mediante una serie de estereotipaciones sobre aspectos parciales de la cultura. Por ejemplo, la generalización de los símbolos de budismo; el sistema de la poligamia; la imagen femenina relacionada con los órganos sexuales y la adicción al opio; la RCC resumida en los símbolos como la bandera roja, el Libro Rojo y las manifestaciones, etc. Todas estas estereotipaciones reducen la imagen de China a un conjunto de símbolos misteriosos y primitivos que requieren ser civilizados por otra cultura más avanzada.

En "El último emperador" , Reginald Johnston desempeña el papel del tutor de Pu Yi, no solo intelectualmente, sino también psicológicamente. Su aparición lleva a la Ciudad Prohibida antigua la cultura moderna y democrática, por lo tanto, cuando se encuentra por primera vez con Pu Yi, caminando hacia el emperador cuellierguido y con pasos firmes (una clara diferencia que la obediencia que muestran los cortesanos), éste se levanta del trono para recibirlo y le da la mano durante un buen rato, con una sonrisa de humildad que normalmente no se ve cuando está con sus paisanos.

(Figuras 55 y 56: Escenas de "El último emperador")

En la primera clase que Johnston le da a Pu Yi, éste ya deja al descubierto su ignorancia. Por ejemplo, piensa que George Washington y Lenin pertenecen al mismo mundo; confunde las palabras inglesas "skirt" y "kilt" , etc., lo cual implica que esta ignorancia está pendiente de ser corregida. Cuando Johnston le explica la relación entre el lenguaje y el pensamiento, diciendo "si no puede decir lo que quiere, nunca querrá decir lo que diga. Y la palabra de un caballero vale oro" , Pu Yi le contesta, "yo no soy un caballero. No me dejan decir lo que quiero. Siempre me dicen qué decir" . El hecho de llamar a los cortesanos "ellos" significa que el emperador se excluye del grupo de los cortesanos, uniéndose al nivel de su tutor, a quien le considera una persona fiable con el que puede expresar sus pensamientos reales. Cuando Johnnston le advierte a Pu Yi que el ratón que tiene como mascota está a punto de escaparse de su bolsillo, el emperador le pide que no se lo diga a los demás, con un tono de complicidad, considerándolo como un amigo íntimo.

El uso de la luz en dicha película también tiene sus connotaciones implícitas. Cuando Johnston está dando clases a Pu Yi, el rayo de sol entra por la ventana y los ilumina, lo cual implica que el occidental ha llevado la luz de los conocimientos y verdades a la Ciudad Prohibida que siempre ha estado en la sombra. De modo que el occidental desempeña el papel de educador, y los orientales, incluso el emperador que se considera el hijo de Dios, no pueden evitar el destino de ser educados.

Johnston no solo se dedica a impartir conocimientos en la Ciudad Prohibida, sino que también tiene el valor de revelar las verdades que no se atreven a decir los demás. Por ejemplo, cuando está comiendo junto con Pu Yi, se oyen consignas desde fuera. El emperador le pregunta a Johnston qué ha pasado, y cuando uno de los cortesanos quiere contestar, lo manda a callar, pues Pu Yi porque no cree en lo que va a decir. Johnston le responde que ha sido un grupo de estudiantes universitarios que están protestando contra el gobierno republicano, porque éste va a dar una parte del territorio chino a Japón. Pu Yi le pregunta si es cierto que han decapitado a mucha gente por la protesta, y Johnston le contesta que es verdad que se han cortado muchas cabezas. La conversación entre los dos es interrumpida por un cortesano porque Johnston está revelando una verdad que no debe saber el emperador. Los comportamientos totalmente opuestos entre los cortesanos y Johnston reflejan que éste no solo es el maestro del emperador, sino también de estos cortesanos, cuyos pensamientos necesitan ser rectificados inmediatamente.

Johnston no solo dispone de abundantes conocimientos y valiosas cualidades, tales como la honradez y la integridad, sino que también cuenta con un corazón misericordioso, lo cual refleja en cierto sentido la actitud del director, quien declaró que si no fuera la compasión que tenía a Pu Yi, no existiría dicha película. La misericordia que siente Johnston por su alumno se manifiesta en muchas escenas a lo largo de la película. Por ejemplo, cuando Pu Yi se entera de que su madre ha fallecido, quiere salir de la Ciudad Prohibida para ir a verla. Al ser rechazado por los subordinados, sube al tejado gritando desesperadamente, "!Quiero salir! ¡Quiero salir!" Al ver lo ocurrido, Johnston echa una bronca al jefe de los cortesanos que no dejan salir al emperador, y sube al tejado para rescatarlo. La humanidad que muestra Johnston difiere de la indiferencia de los cortesanos, mostrando que solo él ve en el emperador una persona con sentimientos, y no como una figura aristocrática. Este hecho indica que los occidentales no solo gozan de conocimientos avanzados, sino también de compasión y piedad, mientras que la cultura china se encuentra en un nivel inferior, tanto intelectualmente como sentimentalmente, por lo tanto, necesita ser educada por el mundo occidental.

(Figuras 57 y 58: Escenas de "El último emperador")

Cuando el amigo de Johnston dice que Pu Yi tiene problemas de vista, y si no se pone gafas se va a quedar ciego, todos los cortesanos lo niegan porque no está bien visto que un emperador use gafas. Johnston tiene que amenazar con su renuncia para que los demás estén de acuerdo con dicha decisión, lo cual muestra que solo él cuida verdaderamente la salud del emperador de manera paternal. De hecho, solo él comprende la situación en que se encuentra Pu Yi, diciendo "el emperador fue un prisionero en su propio palacio desde el día de su coronación, y sigue preso desde su abdicación, pero ahora está creciendo, ¿y puedo preguntar por qué es la única persona de China que no se le permite salir de casa? Creo que el emperador es el joven más solo de la tierra" . Bajo la influencia de Johnston, Pu Yi se pone las gafas, se corta la trenza, y empieza a plantear las ideas de reforma, en otras palabras, la educación de Johnston le ha servido como guía de su comportamiento.

La escena de despedida entre Johnston y Pu Yi también deja mucho que reflexionar. Pu Yi le dice a su tutor con mucha nostalgia: "voy a echarte de menos, Johnston" , luego los dos se dan la mano durante mucho rato, lo cual nos recuerda la escena de su primer encuentro cuando Pu Yi se levanta de tu trono para recibir a su tutor dándole la mano durante un tiempo prolongado. La luz ilumina otra vez a Johnston, indicando la retirada de este profesor que representa los conocimientos y la humanidad. Antes de separarse, Pu Yi le pregunta a Johnston si un hombre puede volver a ser emperador otra vez, y Johnston le confirma que sí. Tal vez la decisión que toma más tarde de ser el emperador del imperio de Manchuria tenga cierta relación con esa contestación que le da Johnston.

2.3. La deconstrucción del orientalismo en "M. Butterfly"

Si "El último emperador" es una película en la que se observa mucho el orientalismo, el largometraje "M. Butterfly" constituye una deconstrucción completa del orientalismo. Dicho film es una adaptación de la ópera homónima, escrita por un autor estadounidense de origen chino, David Henry Hwang, que se basa a su vez en la ópera italiana "Madama Butterfly" de 1904 (la ópera que interpreta el protagonista de la película Song Liling), la cual cuenta la historia de una mujer japonesa llamada Cio-Cio San, quien se casa con un oficial de marina norteamericana, Pinkerton, desobedeciendo la creencia familiar. Sin embargo, su marido no la quiere de verdad, y al volver a EE.UU., se casa otra vez con una mujer americana, Kate. Cio-Cio San, negando el otro matrimonio, todos los días espera junto a su hijo la vuelta de su amado, cuya existencia no sabe su marido. Tres años más tarde, el americano vuelve a Japón con su nueva esposa americana, y al enterarse de que Cio-Cio San ha tenido un hijo con él, decide recuperarlo. La mujer japonesa, después de saber todo lo que ha ocurrido, está de acuerdo en entregar el hijo a su amado, y opta por suicidarse por la traición que ha sufrido.

La inversión del papel que juega el hombre occidental y la mujer oriental en la película "M. Butterfly" refleja la intención del director de romper el modelo tradicional de la relación entre Occidente y Oriente, eliminando el estereotipo que se suele tener sobre las mujeres orientales: objetos de deseo, sensuales, bellas, calladas, sumisas, etc. En dicha película, el francés René Gallimard se convierte en el alumno que es constantemente educado por "la cantante" china Song Liling, quien le aconseja que necesita ampliar sus conocimientos y recibir más educación. En ese sentido, si comparamos "El último emperador" y "M. Butterfly" , el occidental René interpreta el papel de Pu Yi, mientras que la oriental desempeña el rol del tutor Johnston.

La primera educación que recibe René de Song Liling se produce en su primer encuentro, después de que ésta termina la actuación de la ópera "Madama Butterfly" . El francés, muy conmovido por la historia triste que cuenta la obra, y fascinado por la cantante bella, tierna y sumisa que interpreta el papel de la mujer japonesa que se suicida, se dirige sin ninguna indecisión a Song Liling para elogiarla, diciendo que nunca ha visto una actuación tan convincente como la suya. Sin embargo, la cantante le refuta enseguida, manifestando que el motivo por el que René encuentra convincente la actuación consiste en que se trata de una típica historia sobre una mujer oriental sumisa que se suicida por un hombre occidental cruel, lo cual se encaja perfectamente con el esquema estereotipado que tiene este francés, según el cual, es normal y lógico que una mujer oriental muera por un hombre blanco, y no al revés. Solo bajo esta premisa, también la única que puede aceptar René, la muerte de la mujer japonesa parece más bella y conmovedora. Como dice Song Liling,

> *Ellos se casan y él desaparece durante tres años. En ese tiempo, ella reza frente a su fotografía y renuncia a casarse con un joven Kennedy. Entonces, cuando ella se entera de que él se ha vuelto a casar, se suicida. Yo creo que usted consideraría la posibilidad de que esa chica se ha vuelto completamente loca. ¿No es cierto? Pero el que sea una oriental la que se suicida por un occidental, le parece hermoso. (Conversación de "M. Butterfly")*

La explicación de Song Liling consigue que un occidental comprenda la sensación que tiene una mujer oriental sobre esa misma historia. Al despedirse, Song le dice a René, "si lo que quiere es ver gran teatro, venga a la ópera de Beijing alguna vez, sería muy educativo para usted" , a través de lo cual se nota la responsabilidad que siente esta mujer oriental de educar a su espectador occidental.

René cae inevitablemente en la trampa dulce que le tiende Song Liling, considerándola una mujer bella, misteriosa y sumisa, en fin, la mujer perfecta para él, y la protagonista de su fantasía sobre su propia historia de "Madama Butterfly" . A los ojos de René, Song Liling cumple todas las condiciones que forman el estereotipo de una mujer oriental: su forma de hablar y de caminar, su apariencia, la vivienda en que vive, etc. De hecho, la persona de la que está enamorado es más bien una figura imaginaria que existe en su mente. Cuando Song le confiesa que no tiene experiencia en el sexo, el hombre francés le contesta, "quiero enseñarte con dulzura" , adueñándose del papel de educador, igual que cuando Song Liling le pregunta por qué la elige a ella que tiene el pecho como un muchacho, teniendo otras oportunidades, y éste le responde, "no como un muchacho, sino como una joven e inocente colegiala que espera ser instruida" , lo cual es bastante sarcástico, puesto que siempre ha sido él quien ha sido educado desde el comienzo, manipulado por "una mujer" que sabe cómo comportarse para conquistar a los hombres, ya que "solo un hombre sabe cómo se supone que debe actuar una mujer" .

A través de su relación con "la mujer" oriental, René empieza a sentir el poder de ser hombre, ganándose poco a poco la confianza, incluso consigue la promoción profesional de contable a consejero. Ese papel dominante que tiene en su relación amorosa fortalece el estereotipo que tiene sobre los orientales, "se sabe que en sus corazones, los chinos viven en un sueño. En lo más profundo, se siente atraídos por nosotros. Encuentran nuestro comportamiento emocionante. Por supuesto, nunca lo admitirían. Pero los orientales siempre se han querido someter a las fuerzas más poderosas" .

Si la historia se desarrollara según esta lógica, acabaría con el suicido de la mujer oriental. Sin embargo, el director creó un final imprevisto en el que René se disfraza en una geisha japonesa, compartiendo su pasado con los prisioneros.

Yo, René Gallimard, he sabido lo que es ser amado por una mujer perfecta. Yo tengo una visión de Oriente, de mujeres esbeltas con cheosan y kimonos, que mueren por el amor de indignos demonios extranjeros. Que nacen y compiten para ser mujeres perfectas. Que tomen cualquier clase de castigo que les demos, y siempre responden fortalecidas por el amor, incondicionalmente. Esta visión se ha convertido en mi vida. Mi error es simple y absoluto. El hombre que yo amé no era digno. No merecía ni siquiera que le mirara dos veces. Pero a cambio, yo le di mi amor. Todo mi amor. Así que ahora cuando me miro al espejo, no veo más que... Yo tengo una visión de Oriente, la profundidad de sus ojos almendrados. Son mujeres calladas. Mujeres dispuestas a sacrificarse por el amor de un hombre, incluso por uno cuyo amor es completamente indigno. Morir con honor es mejor que vivir con deshonra... Mi nombre es René Gallimard, también conocido como Madame Butterfly. (Monólogo de "M. Butterfly")

Terminado este discurso que resume de forma perfecta su relación fracasada, se suicida con el espejo cortándose el cuello. Su suicidio muestra la destrucción del orgullo y la confianza que ha obtenido en dicha relación, y su obsesión por la historia hermosa y conmovedora de la ópera "Madama Butterfly".

(Figuras 59 y 60: Escenas de M. Butterfly)

La película intenta deconstruir el orientalismo mediante la destrucción del estereotipo sobre las mujeres orientales. En primer lugar, la "mujer perfecta" es en realidad un hombre; en segundo lugar, todas las cualidades tradicionales, tales como ser bella, tierna y sumisa, es solo un engaño diseñado de acuerdo con el esquema estereotipado occidental; en tercer lugar, el hombre occidental, el cual cree que ha estado en una posición superior en la relación, resulta haber sido manipulado desde el principio. Por último, el suicidio al final de la historia, lo lleva a cabo el hombre occidental en vez de la mujer oriental.

2.4. Los símbolos estereotipados de la RCC

En dichas películas occidentales, la RCC se presenta con una imagen sumamente estereotipada. En las partes que los directores seleccionan, según su propio criterio, para construir una historia entera, la descripción de la revolución se limita a una serie de símbolos convencionales y superficiales, los cuales resumen los acontecimientos de una década en unas escenas estandarizadas que incluyen los siguientes elementos, que quedan convertidos en las "referencias" o señas de identidad de dicho movimiento:

- El ambiente revolucionario general

La época de la RCC en dichas películas, aunque está sumergida en una contexto histórico que abarca una línea temporal más larga, es muy fácil de reconocer, puesto que está destacada por un ambiente revolucionario que incluye una serie de elementos representativos, por ejemplo, las paredes llenas de diversos lemas revolucionarios, los retratos del líder político y el color rojo por todos los lugares, etc.

Estos elementos crean el contexto o el escenario para la acción. Desde el punto de vista de la narratología de R. Barthes, tienen un carácter "indicial", nos dan información sobre el momento histórico.

- Los Guardias Rojos

Los Guardias Rojos que aparecen en estas películas también siguen un modelo estándar: casi todos llevan el uniforme militar verde, con un brazalete rojo y el Libro Rojo en la mano o sujetado con el cinturón, y casi siempre aparecen haciendo manifestaciones de forma colectiva (en forma coral), sujetando los retratos del gran líder político o los lemas revolucionarios. Parecen más bien un grupo de máquinas indiferentes sin carácter individual. No tienen una identidad propia, sino colectiva. Es una parte viva, pero su carácter es doble, como parte del escenario y como agentes en su caso.

La actitud de los occidentales sobre dicho movimiento está condicionada por la experiencia directa que tiene en su propio país, y se refleja a través de los comentarios de los propios personajes. Por ejemplo, en la película "M. Butterfly" , cuando René Gallimard y su amigo están hablando sobre China en un bar en París, escuchan a los jóvenes franceses maoístas haciendo manifestaciones por la calle, y el amigo dice, " ¡Maldita sea! Deben ser los jodidos estudiantes otra vez. Si sale por esa puerta seguro que recordaría a Bejing. Todos los estudiantes llevan el Libro Rojo en la mano y un petardo rojo en el culo. Todos juegan a ser comunistas chinos con la piel blanca" . Ese comentario sobre la RCC se debe a la suma de varios motivos, tales como la desinformación con respecto a dicho movimiento; la hostilidad al comunismo en general, etc.

- El paseo de la humillación y la sesión de lucha

El paseo de la humillación está representado como un elemento esencial de la RCC en las películas "El último emperador" y "M. Butterfly" , el cual también tienen su modelo estándar de realización: los Guardias Rojos custodian a los criminales, quienes suelen ser inocentes en la mayoría de las ocasiones (tal como el jefe de gestión criminal en el film "El último emperador" que ha sido calumniado como "anti-revolucionario"), a los cuales les ponen un gorro o cucurucho donde está escrito su nombre, y un chaleco de papel o un cartel que dice su delito. Mientras caminan o van en camión, los jóvenes revolucionarios levantan el Libro Rojo que tienen en la mano, gritando las consignas revolucionarias como "la revolución no es delito, y la rebelión tiene fundamento" . Luego llegan a un sitio amplio donde dejan a los criminales en el centro. Antes de empezar a criticar o humillarlos, suele haber una pequeña actuación de movilización en que los chicos agitan las banderas y las chicas cantan y bailan, acompañados por otros Guardias Rojos tocando instrumentos musicales, que normalmente son acordeones y tambores.

La sesión de lucha tiene el objetivo de dejar a la persona que ha actuado contra el partido o el socialismo delante del público para que sea criticada por todo el mundo, como lo que le pasa a Zhou Yuan, profesor de música en la película "El violín rojo" , quien ha sido llevado a la sesión de lucha por enseñar el violín, un instrumento que viene del Occidente. El proceso de crítica suele empezar por un discurso que da uno de los Guardias Rojos para revelar el delito que ha cometido la persona criticada, animando al resto del público a hacer la crítica de forma conjunta. Luego el culpable tiene que mostrar su arrepentimiento confesando sus errores.

- El baile de la lealtad

En estas películas occidentales, al igual que en algunas películas chinas rodadas en la década de los años 90, aparece con mucha frecuencia una escena en la que un grupo de jóvenes, que suelen ser Guardias Rojos, cantan y bailan de forma colectiva en un sitio amplio, tal como en una plaza, para celebraciones o acompañar actividades como el paseo de la humillación, tal como se observa en "El último emperador" , "M. Butterfly" , "Balzac y la joven costurera china" y "El violín rojo" .

Estos bailes, denominados "baile de la lealtad" , consisten en un tipo de danza colectiva que se puso de moda durante la RCC. Se realizaba en los lugares extensos o durante el proceso de los desfiles, y formaba parte de las pocas actividades artísticas que se permitía organizar en aquella época. Tenía su función pedagógica que consistía en transmitir la ideología política al pueblo, igual que el movimiento de "subir a las montañas y descender a los pueblos" , sobre todo a los estudiantes jóvenes que lo practicaban con más frecuencia.

El baile suele estar acompañado por una serie de canciones, entre las cuales se destacan "La navegación en el mar depende del timonel" , "Estimado presidente" , "En la montaña dorada de Beijing" , etc. Dicho baile está compuesto por movimientos muy sencillos, exagerados y simbólicos, altamente codificados como, por ejemplo, levantar las manos para expresar la fe en el sol rojo; dar un paso firme lateral con la rodilla flexionada, al mismo tiempo que se levanta el codo a la altura de la barbilla significa seguir siempre al gran líder; cerrar con fuerza los puños simboliza llevar la revolución hasta el final; señalar al suelo con un dedo ferozmente significa acabar con la clase capitalista, etc. Para llevar a cabo dicho baile, era necesario tener en la mano el Libro Rojo o una tela roja. Los movimientos constituyen una suma de desplazamientos mecánicos que carecen de valor estético, de hecho, crean una imagen bastante ridícula, sin embargo, la gente que lo practicaba, debido a la creencia revolucionaria que constataba, siempre mostraban una cara solemne y orgullosa. Debido a que dicho baile no requería conocimientos previos y era muy sencillo de aprender, se convirtió en un acto diario obligatorio para todo el pueblo.

Al baile de la lealtad que se realizaba junto con los desfiles se solía participar cientos o miles de personas, formando una fila que se extendía varios kilómetros. El desfile podría durar varias horas, cuyos participantes bailaban intercalando descansos, creando un ambiente fanático e impactante.

- La destrucción de los "cuatro viejos"

Otro factor que tiene mucho peso en la RCC representada en dichas películas consiste en la destrucción de los "cuatro viejos" (viejas ideas, vieja cultura, viejas costumbres y viejos hábitos), lo cual se refleja especialmente en el rechazo de la cultura extranjera que es considerada cultura capitalista, y por lo tanto, pertenece a la categoría de vieja cultura.

En "M. Butterfly" , los Guardias Rojos queman los vestuarios y accesorios que sirven para la actuación de la ópera, y a la cantante de ópera tradicional china Song Liling la llevan al campo de "reeducación" porque "la Guardia Roja dice ahora que todos los artistas son criminales" . En "El violín rojo" , el profesor de música Zhou Yuan es criticado en público por enseñar la música occidental a sus alumnos, y le obligan a quemar el instrumento extranjero que es símbolo de la decadencia occidental. Xiang Pei, quien le defiende y le salva la vida en la sesión de lucha, se ve obligada a quemar los libros y las revistas extranjeras que tiene en casa, menos el violín rojo al que tiene mucho cariño. Como no puede seguir teniéndolo en casa, decide dárselo al profesor Zhou Yuan. Al principio éste lo rechaza contundentemente, pensando que se trata de una emboscada, y que los Guardias Rojos están esperando fuera para arrestarle. Después de que Xiang Pei amenaza con destruir el violín, porque ella, siendo figura del partido, no puede poseerlo de ninguna manera, por fin decide esconderlo Zhou Yuan.

La aparición de la RCC en dichas películas cumple principalmente dos funciones: en primer lugar, mostrar la influencia de dicho movimiento en la vida de los protagonistas y de la gente común y corriente, haciendo énfasis en la persecución que sufre la gente inocente; en segundo lugar, destacar la imagen de la justicia en una sociedad hundida en el caos. Por ejemplo, en "El último emperador" , Pu Yi intenta defender al jefe de gestión criminal que está haciendo el paseo de la humillación por ser calumniado de anti-revolucionario; en "M. Butterfly" , René Gallimard ve a los Guardias Rojos quemando los vestuarios y accesorios de la ópera tradicional china, y su cara en primer plano muestra el susto y la pena que siente por ver la destrucción de algo bello que aprecia; en "El violín rojo" , Xiang Pei valora mucho el violín rojo y no quiere quemarlo, por eso pide al profesor de música Zhou Yuan para que lo esconda. A través de la existencia de dichos personajes, los directores intentan destacar la justicia y la humanidad ocultas en una época oscura.

Hay que reconocer que dichas películas, a pesar de que son obras que han tenido mucho éxito en el cine, representan la RCC con una imagen muy estereotipada, resumida en una serie de símbolos estandarizados y acciones repetitivas, lo cual es comprensible por diversos motivos, tal como la desinformación que hay sobre dicho movimiento en Occidente o la economía narrativa, que tiende a jugar con un repertorio limitado y suficiente, que se convierte en estereotipo.

2.5. El mito occidental de la RCC

Según Barthes (1999: 119), "en general, el mito prefiere trabajar con ayuda de imágenes pobres, incompletas, donde el sentido ya está totalmente desbastado, listo para una significación: caricaturas, imitaciones, símbolos, etc." De hecho, la mayoría de las escenas en los filmes que versan sobre la RCC, como hemos mencionado anteriormente, constituye una serie de símbolos estandarizados y descontextualizados que representan dicho movimiento desde determinadas perspectivas. No es arbitrario el hecho de que los directores occidentales hayan elegido los mismos elementos para interpretar dicho movimiento, en realidad, dicha interpretación está condicionada por las experiencias que se obtienen a través de los sucesos históricos cruciales.

El mito de la RCC que se construye a lo largo de las películas occidentales se basa en la Revolución Francesa, que es considerada como el modelo clásico de la revolución política, la cual, según Fusi,

> *Contribuyó decisivamente al progreso de la libertad política, al hilo de conquistas memorables: la idea de soberanía popular y nacional, la liquidación de la sociedad aristocrática y señorial, la igualdad de los ciudadanos ante la ley, la creación del Estado nacional de derecho, la declaración de derechos del hombre, el reconocimiento de las minorías étnicas (judíos, negros), el principio de responsabilidad del estado en la educación nacional. Transformó profundamente la conciencia colectiva en nombre de sentimientos de fraternidad e igualdad merced a iniciativas reveladoras: la legalización de los hijos ilegítimos, la abolición del «usted», la adopción de formas radicalmente nuevas de vestir, la implantación de un nuevo -y extravagante- calendario... (Fusi, 1990: 10)*

Existen numerosos motivos que apoyan la interpretación de la RCC basada en el modelo de la Revolución Francesa, entre los cuales se destacan las causas de las revoluciones: según Lefebvre (1939: 468), el inicio de la Revolución Francesa, "se debió a la terquedad de la aristocracia, anclada en sus privilegios feudales, negándose a toda concesión, y a la obstinación de las masas populares en sentido contrario" . De modo que en dicha revolución prevalece el carácter de las luchas de clases, es decir, la clase burguesa contra la clase aristocracia; de manera similar, en la RCC también se destaca el mismo carácter, aunque en este caso, se trata del conflicto entre la clase proletaria y la clase burguesa.

No obstante, no hay que confundir la naturaleza de las dos revoluciones, es decir, aunque en ambos movimientos políticos participó una gran cantidad del pueblo, cuyo objetivo consistía en aniquilar a las otras clases, tienen sus diferencias fundamentales, puesto que una constituye un movimiento popular creado de abajo hacia arriba, mientras que la otra fue provocada por el dirigente político y que se extendió desde arriba hacia abajo.

Además de las causas, se encuentran otros elementos destacados de la Revolución Francesa que han sido empleados por los directores occidentales, con el fin de crear el mito de la RCC, por ejemplo, la violencia; la destrucción total; el miedo; la juventud; la multitud, entre los otros.

- La violencia

La violencia, aunque no entra en las planificaciones de la pre-revolución, siempre termina convirtiéndose en un factor relevante e inevitable durante el proceso. En el caso de la Revolución Francesa, la violencia que tuvo lugar al principio del movimiento, tales como los saqueos en las tiendas, las violencias callejeras y los linchamientos, se desvió hacia el siguiente nivel, el Terror, encarnado en las masacres y las ejecuciones sumarias. El Terror que se produjo entre 1792 y 1794 dejó a 500.000 detenidos y 16.000 ejecutados, sin contar los muertos en la Vendée, que sumaría entre 60.000 y 300.000

según el registro histórico. (Fusi, 1990: 12)

En cuanto a los responsables de la violencia,

Son tanto pequeños burgueses o productores independientes —artesanos o tenderos— como pobres y asalariados: están casados y son padres de familia, a menudo de edad madura. Pero la mujer también desempeña su papel específico en las jornadas, motivadas sobre todo por razones económicas, y no únicamente en el papel de marimacho desorbitado. (Vovelle, 1981: 220)

Para dicho grupo de personas, cuyos objetos abarcan una gran franja de personas: el aristócrata, el acaparador, el reaccionario, etc., "la violencia parece así una reacción defensiva en la mayoría de los casos, polarizada alrededor de la reacción punitiva y que encuentra justificación en una cierta cantidad de puntos de referencia" (Vovelle, 1981: 221).

La violencia es un elemento muy presente en la interpretación de la RCC en las películas occidentales, reflejado sobre todo en el paseo de la humillación. Los actores de la violencia en dicho proceso eran en general los Guardias Rojos, quienes formaban el ejército más eficaz del dirigente político, al que permanecían completamente fieles, mientras que sus soportes de hostilidad solían ser los veteranos del partido o los intelectuales que eran calumniados como seguidores de la vía capitalista, y por lo tanto, enemigos de la clase proletaria. El tratamiento que recibían era violento y humillante en término general.

A pesar del paseo de la humillación, los Guardias Rojos también llevaban a cabo otros actos de violencia, como lo que se presenta en el largometraje "El violín rojo" , en el que registraron la casa de Xiang Pei para buscar los libros y las revistas extranjeras que eran considerados evidencias de crímenes. Como se puede observar, la violencia, siendo un factor común en ambas revoluciones, se ha convertido en un componente esencial en el mito occidental del movimiento chino.

- *La juventud y la multitud*

La juventud y la multitud son las dos nociones que los directores occidentales utilizan para describir el grupo protagonista de la RCC: los Guardias Rojos. Es indudable que dicho grupo también desempeña un papel muy especial en el cine revolucionario chino, sin embargo, la importancia que le conceden los directores occidentales y la forma de su presencia muestran que la imagen que tiene está muy influenciada por la Revolución Francesa, en la cual también están muy presentes esos dos conceptos.

El grupo de jóvenes más conocido en la Revolución Francesa, denominado la juventud dorada de Fréron, fue liderado por los terroristas tránsfugas, Fréron, Tallien, Merlin de Thionville, y estaba compuesto por "la juventud de la clase burguesa, la curia, encargados de Banco y mancebos de botica" , y complementado con "los emboscados, los insurrectos y los desertores" (Soboul, 1972: 766). Ejercieron el matonismo en contra de los jacobinos, y también se enfrentaron contra los sans-culottes.

Estos jóvenes, "reconocibles por sus coletas y el cuello cuadrado de sus trajes; armados de estacas, se reunían al grito de ¡Abajo los jacobinos! ¡Viva la Convención!, o bien con la canción de Réveil du peuple, cuyo estribillo era «No se nos escaparán»" (Soboul, 1972: 767), lo cual nos recuerda los jóvenes guardias rojos en las películas occidentales, reconocibles por el uniforme verde que llevan, y casi siempre aparecen haciendo manifestaciones callejeras, gritando las consignas políticas como "la revolución no es delito, y la rebelión tiene fundamento" . Lo que les supone el Libro Rojo que agitan en las manos durante la manifestación, en cierto modo, es similar al significado que tiene la Declaración de los Derechos del Hombre y del Ciudadano para los revolucionarios franceses.

Cabe mencionar que los actores de la RCC siempre aparecen en las cintas occidentales en grupo, como si fueran una comunidad anónima que se dedica a los comportamientos colectivos. No cuentan con una identidad propia, incluso no se les ve la cara en muchas escenas con su presencia. Parecen más bien puras máquinas revolucionarias sin sentimientos humanos.

Esta imagen que presentan también tiene su congruencia en la Revolución Francesa, en la cual abundaron las multitudes revolucionarias, tales como el grupo de los "vencedores de la Bastilla", formado por los productores independientes, pequeños comerciantes y artesanos no asalariados, provenientes principalmente del barrio. Existían también otras multitudes revolucionarias, cuyos actores eran jóvenes asalariados, e incluso una cantidad considerable de mujeres, quienes estaban afectadas directamente como consumidoras.

- *La destrucción total*

"Es mucho más frecuente la destrucción que el robo, puesto que el vandalismo es uno de los lenguajes de la violencia" (Vovelle, 1981: 219). De hecho, en las películas occidentales, uno de los elementos al que dedican mucha importancia los directores consiste en la destrucción de los "cuatro viejos" y la cultura extranjera que representan la ideología capitalista. Aparecen con mucha frecuencia las escenas en que los guardias rojos queman los "objetos criminales", sean libros y revistas extranjeras, instrumentos extranjeros, o vestuarios y accesorios de la ópera tradicional china. El mensaje que quieren transmitir dichas escenas reside en la decisión de los revolucionarios de cambiar el mundo de cabo a rabo, mejor dicho, de crear un mundo nuevo mediante la aniquilación del viejo.

Dichas escenas nos recuerda la destrucción de los "libros terriers" que legitimaban el sistema feudal, en los que los aristócratas tenían inscritos ante notario las obligaciones, deudas, impuestos y servidumbres de los campesinos que estaban sometidos a sus señoríos. De modo que la destrucción de dichos libros representa el deseo de los campesinos de suprimir los privilegios de la clase noble, como lo que declara Vovelle (1981: 230), "Los revolucionarios, en diferentes grados, han experimentado el sentimiento de una destrucción total, tal como lo expresa Marat en su diario, en junio de 1793, con estas palabras: «No hay un solo hombre que no haya sentido que una Revolución no puede consolidarse si un bando no aniquila al otro»" .

- Miedo

Según Vovelle (1981: 191), "el miedo es uno de los elementos básicos para comprender la sensibilidad revolucionaria" . De hecho, es posible "enumerar las herencias más que seculares en las que los miedos revolucionarios hunden sus raíces en el campo francés" , tal como el «Gran Miedo» que afectaba la mayoría de las provincias francesas el julio de 1789, el cual provocó las revueltas que condujeron a la abolición del feudalismo.

El miedo es un factor que tiene mucha extensión en las películas occidentales. Se refleja a través de los comportamientos cotidianos de las personas de forma tan inconsciente que se manifiestan a modo de reflejos condicionados. Por ejemplo, en la película "El último emperador" , al ver pasar a los "criminales" escoltados por los guardias rojos, el amigo de Pu Yi se esconde detrás de él, y le advierte que es peligroso y que no se acerque a ellos. En "El violín rojo" , Xiang Pei incinera todos los manuscritos extranjeros que tiene antes de que los guardias rojos vayan a registrarle la casa... Todas esas escenas reflejan el miedo a lo revolucionario que está arraigado en el pueblo oprimido.

Viéndolo de esta forma, es más fácil entender las perspectivas estandarizadas a través de las cuales los directores occidentales interpretan la RCC. Si bien han logrado representar ciertos factores esenciales de dicho movimiento, no dejan de ser interpretaciones parciales, puesto que se trata de historias construidas con las piezas que les interesan a los propios directores, por lo que las sacan de la historia conjunta y luego las reorganizan, con el fin de crear una versión de la RCC que coincide con su experiencia sobre los otros movimientos semejantes, sobre todo la Revolución Francesa.

3. La revolución y la utopía

Las dos películas que vamos a mencionar en esta parte, "Balzac y la joven costurera china" de Dai Sijie, y "Soñadores" de Bernardo Bertolucci, parecen ser dos obras completamente distintas que no van a tener ninguna vinculación, sin embargo, si las observamos con detenimiento, podemos darnos cuenta de que los dos largometrajes tienen ciertas coincidencias muy sorprendentes. Por ejemplo, ambas películas cuentan una historia de tres jóvenes que tienen una relación amorosa; los protagonistas de los dos filmes, confusos y desorientados por el cambio político, buscan refugio en su propia utopía (los libros extranjeros en "Balzac y la joven costurera china" y el sexo en "Soñadores"), etc., de modo que será de interés realizar un análisis detallado sobre las dos películas y los puntos en común que tienen.

"Balzac y la joven costurera china" es una película adaptada de la novela homónima del mismo director en la que se ven reflejadas las experiencias de la vida del autor. La adaptación al cine fue llevada a cabo por el director y guionista Dai Sijie y la coguionista Nadine Perront. La película, rodada en China, fue estrenada en 2002, un año después de la publicación de la novela que había tenido mucho éxito de ventas en Francia, y ganó en el mismo año el premio de los Globos de Oro como la mejor película de habla no inglesa.

La película está ambientada en plena RCC, cuando dos jóvenes, Luo Ming y Ma Jianling, provenientes de familias intelectuales consideradas como "enemigos de la clase proletaria" , fueron enviados a un pueblo apartado, situado en las montañas del Fénix del Cielo en la provincia de Sichuan, para recibir la "reeducación" , movimiento conocido como "subir a las montañas y descender a los pueblos" que hemos mencionado en los apartados anteriores.

En la aldea perdida, los dos adolescentes participaron en los quehaceres duros del pueblo, bajo el mandato del jefe implacable de la aldea, cuyo pueblo era analfabeto y nunca había visto el mundo fuera de la montaña, por lo que les parecían extrañas muchas cosas de la vida diaria de una sociedad moderna, tales como un despertador o un violín. Pronto encontraron una vía de escape, porque el jefe de la aldea los mandaban a la ciudad a ver proyecciones de películas norcoreanas al aire libre, para que luego se lo contaran al resto del pueblo. Los dos jóvenes, en vez de contar las propagandistas películas norcoreanas, muy aburridas, inventaron cuentos con argumentos provenientes de las obras literarias extranjeras que cautivaron la atención del pueblo, y se convirtieron en narradores de historias muy famosos.

Un día, los dos adolescentes conocieron a una joven costurera, nieta de un anciano sastre con mucho prestigio en la aldea, de la que se enamoraron los dos jóvenes perdidamente, especialmente Luo Ming. La joven costurera les contó que otro joven, llamado Gafotas, quien también estaba recibiendo la "reeducación" en la aldea, tenía escondida una maleta llena de libros prohibidos de escritores famosos, tales como Balzac, Flaubert, Dumas, Stendhal, Gogol, Tolstoi, Dickens, Baudelaire, Dostoievski, Romain Roland, Kipling, entre otros, cuyas obras estaban censuradas por ser producciones burguesas. Los dos chicos decidieron robar la maleta que más tarde convirtió el mundo en que vivían en una utopía llena de pasión por la lectura y amor.

El amor de Luo Ming por la joven costurera le hace sentir la responsabilidad de alfabetizarla por medio de leerle las novelas extranjeras, para que dejara de ser una chica inculta. Para lograr ese objetivo, le llevaba todos los días un libro de la maleta que tenían escondida en una cueva de la montaña para leérsela. La mentalidad de la joven costurera fue transformando poco a poco, hasta que se despertó su individualidad propia después de tener un aborto sin que se enterase Luo Ming, y al final decidió marcharse de la aldea para probar una vida más plena.

La película "Soñadores" es una obra del director Bernardo Bertolucci en 2003, cuyo guion está basado en la novela "The Holy Inocents" , escrita por el propio guionista Gilbert Adair. Se trata de una película que tiene como telón de fondo Mayo del 68, un movimiento bastante vinculado con la RCC que estaba sucediendo en China en la misma época, por lo que se ven reflejados muchos elementos de dicho suceso chino.

Ambientada en el mayo francés, la película cuenta la historia de un joven estadounidense, Matthew, quien está en París por un intercambio. En una manifestación sobre el Mayo francés, conoció a los hermanos Theo e Isabelle, que también frecuentaban la cinemateca, donde se veían pero no interactuaban. Los dos hermanos invitaron a Matthew a abandonar el hotel y vivir con ellos, puesto que los padres los iban a dejar solos en casa un mes.

Durante la convivencia, el joven norteamericano descubrió que los dos hermanos fueron siameses, y que tenían una relación enfermiza, con mucha dependencia el uno del otro. Los tres jóvenes compartían un mismo interés cinematográfico, recreando escenas de películas clásicas, al mismo tiempo que discutían sobre temas políticos, sociales y culturales, intercambiando diferentes opiniones. Entre la recreación de las escenas cinematográficas, Matthew e Isabelle establecieron una relación amorosa que se vería afectada por la dependencia entre los dos hermanos.

Al final, Matthew se vio envuelto en una violenta manifestación, donde empezó a entender que no compartía las mismas ideas políticas y el comportamiento psicológico que los dos hermanos, puesto que él estaba en contra de la violencia, optando por una vía intelectual, mientras que Theo apostaba por dicha violencia. Matthew discutió con Theo sobre lo que estaba bien y lo que estaba mal, y se vio obligado a terminar su relación con Isabelle, quien decidió irse con su hermano a enfrentarse al policía. Matthew terminó abandonando París.

3.1. Una mitigación de la realidad revolucionaria

La imagen de la RCC que se representa en esas dos películas es muy distinta que la visión en los largometrajes anteriores, puesto que no se percibe la suma de los símbolos estandarizados.

En cuanto al motivo de la creación, tanto de la novela como de la película, Dai Sijie ha manifestado que su intención no consiste en realizar una investigación concreta sobre la RCC o sus consecuencias sociales, ni en describir detalladamente la vida cotidiana de la "reeducación" . Simplemente ha escogido los elementos que le parecen esenciales de su propia experiencia para crear una historia sobre tres jóvenes apasionados por el amor, la amistad y la lectura, y solamente ha utilizado la RCC como contexto.

La intención del director de construir una historia más ligera, con un valor más estético y emocional que social y político, hace que el movimiento mencionado que aparece en la película tenga un toque más moderado que en la realidad. Por ejemplo, el ambiente de la revolución solo se refleja a través de un número limitado de ciertos símbolos, tales como los retratos y las estatuas del líder político, la radio, y la pared con pinturas revolucionarias, los cuales, en vez de plasmar un entorno revolucionario llamativo, sirven más bien como un trasfondo sin mucha importancia. Las formas frecuentes para realizar la democracia también cobran una imagen más afectuosa en dicha película. Por ejemplo, la sesión de lucha que le hacen a Gafotas se convierte en una sesión de elogios y aplausos por el cambio ideológico que ha tenido el joven proveniente de una familia intelectual, mientras que el baile que preparan las chicas del pueblo, con uniformes militares que alquilan en la comuna, se transforma en un simple espectáculo sin ninguna connotación política que sirve solamente para despedir a Gafotas.

La atenuación del impacto político también se manifiesta a través del toque caricaturesco que tienen ciertos personajes, quienes muestran no solo la ignorancia por la que se destaca un pueblo analfabeto, sino también su humanidad, e incluso su sentido de humor. Por ejemplo, el jefe de la aldea que aparece al principio en la película como un superior empedernido, quien quema los libros que llevan encima los dos jóvenes y les obliga a hacer los trabajos penosos, también se ofrece a curarle a Luo Ming con su receta casera cuando éste sufre la malaria; y cuando les pilla el jefe contando la historia del Conde de Montecristo al anciano sastre, en vez de castigarlos en una sesión de lucha, lo cual sería lo normal en la mayoría de los casos, les pide que le arreglen el diente roto en cambio de la inmunidad. Es más, durante el proceso de la operación, los dos jóvenes y la costurera incluso le hacen una picardía, manipulando la máquina para que le duela más el diente; el anciano sastre que al principio impide que los dos jóvenes lean los libros prohibidos a su nieta, pero más tarde se vuelve tan enganchado a la historia sobre el Conde de Montecristo que queda despierto toda la noche escuchando el cuento, mientras que trabaja durante el día, añadiendo a la ropa pequeños detalles afrancesados de estilo marinero con la inspiración que le da la historia francesa; así como el adolescente Gafotas, cuyas palabras difieren invariablemente de los hechos, puesto que hace la autocrítica frente a todo el pueblo agradeciendo la "reeducación" que le transforma en una mejor persona, mientras que insulta al buey con el que trabaja en el arrozal...

Son esas escenas llenas de humor y sentimientos afectuosos las que hace la RCC más ligera y emocional, y menos beligerante políticamente. A aparte de eso, la escena final en que Ma Jianling le enseña a Luo Ming el video que ha grabado sobre la aldea, a donde ha vuelto para buscar a la costurera, da un toque nostálgico especial al largometraje. El pueblo que aparece en la cinta grabada mantiene la misma apariencia que hace 27 años, como si no hubiera cambiado nada desde que la abandonaron: el despertador sigue allí, aunque ya no indica bien la hora; el jefe de la aldea está más viejo, pero tiene una sonrisa más ingenua, por medio de la cual se ve el diente que le arregló Luo Ming en su momento... Todo lo que experimentaron durante la "reeducación" en esa aldea se ha traducido en recuerdos nostálgicos, privados de connotaciones políticas.

En cuanto a la película "Soñadores" , el propio director Bertolucci, en una revista que le hicieron en el mismo año en que se estrenó el film, manifestó su intención de rodar dicho largometraje.

> *Hablo de la utopía, del entusiasmo de esos meses, de esa edad. No me interesa la Historia con mayúscula. O tal vez, la Historia está también en las historias individuales de tres muchachos que viven juntos en ese días, en esos meses. Con todo el entusiasmo de esa época, un entusiasmo que ya no veo más (Bogani, 2003).*

Por el poco interés que tiene el director en la Historia con mayúscula, la RCC en ese largometraje es representada por unos símbolos dispersos de la imagen del líder chino que decoran la habitación de Theo, más una conversación entre Matthew y Theo con respecto a dicho movimiento.

Antes de empezar el diálogo sobre el gran líder chino y la revolución, Theo se pone a leer la definición de la revolución que está escrita en el libro rojo delante del poster de la película "La Chinoise" , lo cual constituye un obvio homenaje a dicha obra en que también hay un personaje leyendo las mismas palabras.

> *La revolución no es una cena de gala. No se hace como una obra literaria, un dibujo o un bordado. No se logra con la misma elegancia calma y delicadeza, ni con la misma suavidad, amistad, cortesía, moderación y generosidad. La revolución es un levantamiento, un acto de violencia en el que una clase invalida a otra. (Monólogo de"Soñadores")*

(Figuras 61 y 62: Escenas de "Soñadores")

Inspirado por la gran idea de la revolución, Theo le pregunta a Matthew con todo entusiasmo, "Por qué no piensas en el gran líder chino como un gran director, haciendo una película con millones de actores? Con sus millones de Guardias Rojos, marchando juntos hacia el futuro, con el pequeño libro rojo en la mano. Libros, no armas. Cultura, no violencia. No crees que sería una magnífica película épica?" Y éste le contesta, "Es fácil decir libros no armas, y no es cierto, no son libros, es sólo un libro. Los Guardias Rojos llevan todos el mismo libro, cantan todos la misma canción, repiten las mismas consignas. En esa película épica, todos ellos son secundarios. Me da miedo eso, me asusta" . Para complementar su argumento, dice que existe una clara contradicción entre lo que dice y lo que hace Theo, ya que por un lado sabe lo que está pasando fuera en la calle, y por otro lado, se encierra en su propia casa, bebiendo vino caro, hablando de cine y de maoísmo, en vez de salir a participar en el movimiento de "los millones de actores" , lo cual demuestra que no cree en ellos de verdad.

Las opiniones disconformes sobre la revolución de las que gozan los dos jóvenes presagian la futura separación de Matthew y los dos hermanos cuando están en la calle, presenciando los actos violentos de los estudiantes franceses, y también explican la decisión posterior que toma Theo de participar en la violencia.

3.2. Una generación confusa en un caos político

En ambas películas se percibe la confusión y la desorientación que sienten los jóvenes rodeados por un entorno político caótico y adverso. En "Balzac y la joven costurera china" , los dos jóvenes "reeducados" intentan acostumbrarse a la nueva vida en la aldea apartada, sin saber hasta cuándo podrán volver a la ciudad. La incertidumbre por el destino y la nostalgia por el pasado hace que Luo Ming se queje de la situación en que se encuentran con un profundo sentimiento de impotencia, "Ojalá fueran los años sesenta, entonces había muchos libros. En esa época yo no sabía leer, era muy joven, y cuando aprendí a leer, llegó la revolución, y los quemaron todos" . En "Soñadores" , la insatisfacción y la frustración por la circunstancia política que sienten los jóvenes se transforman en la búsqueda del desahogo en el cine, el alcohol y el sexo, así como en las frecuentes discusiones con sus padres, con los cuales mantienen posiciones políticas completamente distintas, por lo que insisten en que "deberían detenerlos a todos (a los padres), juzgarlos, que confiesen sus crímenes, y los manden al campo para hacer autocrítica y reeducarse" .

Los protagonistas en ambos largometrajes tienen su propia vía de escape frente a la situación política desesperante, y encuentran su propio asilo donde se sienten liberados de la angustia, la furia y las preocupaciones.

En "Balzac y la joven costurera china" , los dos chicos "reeducados" y la joven costurera encuentran un nuevo mundo en los libros extranjeros que roban de Gafotas. La pasión que tienen por los libros hace que se pongan emocionados solo con leer los títulos de las obras. Como se tratan de libros prohibidos, esconden la maleta en una cueva de la montaña que denominan "la gruta de los libros" , la cual se convierte en su verdadero refugio espiritual donde se pueden sumergir en la pura alegría que les dan los libros, olvidándose de momento de los duros trabajos y el futuro impredecible.

Para garantizar la seguridad de esos libros, deciden sacarlos siempre de uno en uno, por si les descubren y les confiscan dichos tesoros. Los dos jóvenes los leen por turno, y Luo Ming se encarga de leérselos a la pequeña costurera, quien es analfabeta y quiere enterarse del contenido de los libros. La lectura les supone una vía de escape eficaz, a través de la cual logran contemplar el mundo de fuera sin limitaciones, cambiando su visión del mundo por medio de letras, tal como declara Ma Jianling al terminar de leer la novela "Ursule Mirouët" del escritor Balzac, "increíble, siento como si el mundo hubiera cambiado: el cielo, las estrellas, los sonidos, la luz, incluso el olor de las porqueras, nada es lo mismo."

(Figuras 63 y 64: Escenas de "Balzac y la joven costurera china")

En "Soñadores" , la historia principal se produce en una apartamento parisino que aplica el Plan Haussmann, situado en el bulevar Saint Germain, la avenida donde se producen las manifestaciones del Mayo francés. La casa de los hermanos se encuentra en la tercera planta del edificio, lo cual concuerda con la clase social media-alta que tiene la familia. Los tres jóvenes se encierran en dicha vivienda que parece un laberinto, donde se refugian del caos de fuera, sumergiéndose en el mundo del cine, el alcohol y el sexo.

La mayoría del tiempo los tres jóvenes mantienen encerrados en la habitación de Theo, la cual está llena de posters, fotos, estatuas, entre otros elementos que reflejan la admiración que tiene al dirigente comunista chino. En ese espacio cerrado se producen las imitaciones de escenas de películas clásicas, los debates sobre temas políticos y cinematográficos, así como los contactos corporales más íntimos.

Mientras que se aumenta el deterioro del espacio interior, reflejado en la desorden y la acumulación de basuras en la vivienda, representando el creciente conflicto interior de los tres jóvenes encerrados en un espacio laberíntico, la joven Isabelle construye una carpa, símbolo de ingenuidad, que les sirve como el último refugio, donde pueden esconderse del caos que se les está cercando cada vez más. Finalmente, dicho asilo tampoco consigue protegerlos, puesto que un adoquín que tiran desde fuera rompe la ventana de la habitación, y los tres jóvenes se ven obligados a salir a la calle a enfrentarse a la realidad.

3.3. El contraste de la imagen femenina en dos culturas

La imagen femenina que se representa en ambas películas es muy distinta, incluso opuesta en muchos aspectos. La pequeña costurera es la chica más guapa de la aldea. Siempre lleva ropa limpia y bonita que la difiere de las otras mujeres del pueblo. Es analfabeta, pero siempre tiene curiosidades de conocer las cosas nuevas, por eso desmonta el reloj de Luo Ming a escondidas para averiguar cómo funciona, y le gusta el avión que le despierta la imaginación sobre el mundo de fuera. Se ve influenciada poco a poco por el mundo moderno que se describe en los libros extranjeros, adquiriendo nuevas visiones del mundo y nuevos criterios de belleza. Confecciona el primer sujetador de la aldea y se lo enseña a sus amigas, explicándoles lo que le ha leído Luo Ming en la novela de Balzac, "los salvajes solo tienen emociones, las personas civilizadas además tienen entendimiento" .

La consciencia individual de la joven costurera se despierta después del aborto, el cual, además de hacerle sentir el dolor insoportable y la soledad profunda, también le hace percibir el control de su propio destino, puesto que en el momento en que más necesita estar acompañada, su amante no está presente. Por lo tanto, después de la operación, dice que se siente como si fuera otra persona.

Al final de la película, después de terminar el proceso de la metamorfosis física y psicológica, la pequeña costurera opta por abandonar el amor e irse de la aldea, con el fin de descubrir una nueva vida con una nueva imagen (el nuevo corte de pelo y las zapatillas blancas que solo se llevan en las ciudades). Esa decisión que toma la joven costurera está profundamente influenciada por el escritor Balzac, como lo que explica el propio director de la película, "en cierto sentido, el mundo que describe Balzac atrae mucho a la joven costurera, porque en este mundo, los hombres tienen que mostrarse servicial a las mujeres, como si tuvieran la capacidad innata de atraer y seducirlas" (Dai Sijie, 2003: 51). De modo que Balzac satisface la vanidad de la joven costurera, haciéndole creer que la belleza de las mujeres es un tesoro inapreciable. Sin embargo, la belleza que entiende la costurera es algo muy superficial, más la falta de una base cultural rígida, no se sabe si al final puede lograr una liberación verdadera, o se va a convertir en una mujer degenerada.

La emancipación de la joven costurera refleja la historia de la liberación de las mujeres liderada por los intelectuales en la sociedad china. A diferencia del movimiento de la liberación de las mujeres en Occidente, dicho movimiento fue iniciado y dominado por los hombres intelectuales, por lo tanto, siempre se trata de una liberación limitada que no perjudica al sistema patriarcal.

(Figuras 65 y 66: Escenas de "Balzac y la joven costurera china")

La joven Isabelle en "Soñadores" tiene una imagen femenina muy distinta. Es una chica cordial y moderna a la que le apasiona el cine, motivo por el cual se acerca a Matthew para conocerle, al ver que éste tiene el mismo interés por el arte cinematográfico. La relación entre los dos se desarrolla de forma muy rápida por su cercana conexión artística, puesto que a ella le gusta recrear escenas de las películas clásicas, y Matthew es capaz de adivinar de inmediato el título de los filmes indicados.

En este personaje se encuentran dos personalidades que chocan. Por un lado, parece una chica rebelde, porque fuma, bebe, y aparenta ser bastante abierta con el tema del sexo. Tiene una relación algo enfermiza con su hermano, con el que fueron siameses. Son brutalmente sinceros y abiertos entre ellos, hasta el punto de parecer ser la misma persona, aunque de vez en cuando se odian, discuten y se pelean. En cuanto al carácter, es más moderada que su hermano, ya que trata a la gente con más cortesía, y se comporta de forma más educada frente a sus padres. Por otro lado, en el fondo es una chica infantil, lo cual se refleja por varios aspectos a lo largo de la película. Por ejemplo, es virgen antes de tener relaciones con Matthew; muestra respeto y admiración a su padre, y le importa mucho su opinión, por lo que quiere que Matthew deje una buena impresión a su padre la primera vez que se presenta en su casa; su habitación, a la que no deja pasar a nadie, se parece a un santuario, donde se encuentran muebles clásicos y finos, peluches, entre otros elementos que están vinculados a su infancia. En resumen, una habitación limpia, ordenada y decorosa que se opone completamente al cuarto juvenil de su hermano. Sin embargo, se trata de una faceta infantil que quiere ocultar al resto del mundo, por eso pasa la mayoría del tiempo en la habitación de su hermano.

La característica más destacada de la personalidad de Isabelle consiste en la dependencia de su hermano. Ha intentado eliminar esa dependencia, aceptando la invitación de Matthew de tener una cita auténtica solo entre ellos dos, sin embargo, no soporta que su hermano tenga relaciones con otras chicas, igual que su hermano que no acepta la intervención de Matthew en su relación. Al final, opta por seguir a su hermano para participar en las manifestaciones violentas, dejando la relación con Matthew.

4. La "revolución" de los lobos

La película "El último lobo", estrenada el 7 de febrero de 2015 en la Berlinale, se basa en la novela semi-autobiográfica del escritor chino Lü Jiamin, y está dirigida por el director francés Jean-Jacques Annaud, quien ya había tenido experiencia de trabajar con animales en sus obras cinematográficas, tal como "El oso". Es una película coproducida entre China y Francia que aborda el tema de la relación entre el ser humano y la naturaleza.

4.1. El contexto histórico

La película está ambientada en el comienzo de la RCC. Igual que las películas chinas《甜女》 "La chica dulce",《我们的田野》 "Nuestro campo", y la película francesa "Balzac y la joven costurera china", "El último lobo" también tiene como contexto histórico el movimiento de "subir a las montañas y descender a los pueblos". El protagonista, Chen Zhen, junto con su amigo Yang Ke, fueron enviados a la estepa de Mongolia Interior para recibir la "reeducación" por medio de la convivencia con el pueblo nómada, aprendiendo los quehaceres de la vida de los nativos mongoles, y enseñándoles el chino.

La RCC que se representa en dicho film tiene una imagen muy similar a la de "Balzac y la joven costurera china" en los siguientes aspectos: en primer lugar, el movimiento mencionado aparece en la película con un tono atenuado con respecto a la realidad revolucionaria. El ambiente revolucionario es plasmado por unos pocos símbolos representativos, tales como el traje militar verde que llevan los jóvenes y los posters del entonces líder político que están colgados en la tienda de la estepa.

A diferencia de la soledad, desesperación y traición que

experimenta el personaje Xiuxiu en la estepa, Chen Zhen y los otros jóvenes son muy bien recibidos por el pueblo nativo, con el cual desarrollan una relación armoniosa. El jefe de la tribu, Bilig, un hombre aparentemente serio y arisco, es en realidad una persona responsable, con sus principios, que trata a Chen Zhen como un miembro más de la familia, y quiere que el joven escriba la historia de los mongoles algún día. Lo lleva a observar los lobos, contándole la idiosincrasia de esta especie de animales, y le perdona al saber el verdadero motivo por el que Chen Zhen ha cogido un cachorro de lobo a escondidas, a pesar de la falta de respeto a la tribu que supone ese acto de intentar domesticar a un "Dios" . Igual que en "Balzac y la joven costurera china" , el joven estudiante que viene que la ciudad también asume la responsabilidad de "culturalizar" al pueblo analfabeto a través de leerles libros, y se queda cada día más fascinado por lo bello y sublime que es esta inmensa tierra histórica.

En cuanto a la estructura narrativa, la película aplica la típica estructura binaria de las personas buenas y las malvadas: las buenas son los mongoles, quienes conviven de forma armoniosa con los lobos durante miles de años, manteniendo el equilibrio entre diferentes especies de animales según la guía de su Dios, Tängri; los malvados son los que vienen de fuera para implementar las directrices de la RCC en la estepa. Bajo la orden del director Bao Shungui, responsable de la sección de pastoreo, un grupo de forasteros que tienen experiencias en actividades agrícolas se ponen a roturar la tierra de la estepa que es demasiado fina para los cultivos, ignorando la advertencia del patriarca sobre las graves consecuencias que pueden traer. Ponen trampas y diseminan pesticidas para eliminar toda la maleza, plagas y roedores; matan los cisnes; roban la comida de los lobos; venden los órganos y la piel de estos mismos... en fin, hacen todo lo posible para estropear el equilibro de la naturaleza. También se encuentra el papel del indeciso que suele aparecer en las películas tipo, en este caso Sharseren, el joven que pastorea las ovejas, quien vende la ubicación del lugar donde están enterradas las gacelas a cambio de un regalo, convirtiéndose en cómplice que arruina la estepa.

Cabe señalar que el director Bao, la reencarnación de la maldad que se encarga de llevar a cabo las directrices de la Revolución, no representa al gobierno central, de hecho, las actividades malvadas que realiza, tales como robar las gacelas, matar lobos para conseguir su piel, etc., son más bien para obtener beneficios privados, algo que es ilegal. Cuando los caballos del gobierno mueren por el ataque de los lobos, Bao echa la culpa a los mongoles, ignorando la gran pérdida que han sufrido, llamándoles "imbéciles" , y decide informar del caso a los jefes superiores para que los condenen. Sin embargo, las autoridades expresan su pesar sobre las pérdidas sufridas por la unidad de producción, y quedan así exentos de castigo los responsables del caso. Esto es una clara muestra de la intención de separar a Bao del gobierno chino, quizá porque la película fue financiada por China, o por esquivar la censura.

En cierto sentido, el papel del director Bao es parecido al de la "Banda de los cuatro" ; ya que no se puede criticar al gobierno chino por las directrices erróneas que se plantean durante la Revolución que estropean el medio ambiente de la estepa, el director Bao se convierte así en el único culpable de todos los males que pasan en la película.

4.2. Los verdaderos protagonistas de la película

Es obvio que la verdadera intención de esta película no consiste en describir con detalle la RCC, sino que solo se aprovecha como contexto histórico para dedicarse a las relaciones entre el ser humano y los animales, sobre todo con los lobos, que son los verdaderos protagonistas del largometraje. Mediante las explicaciones del patriarca de la tribu a lo largo de la película, se observan una serie de características que destacan en los lobos, considerados criados del dios Tängri. "Los lobos son inteligentes, y saben organizarse, son solidarios entre sí, y obedecen al jefe de la manada. Lo más importante es que son muy pacientes; la vida estriba en saber elegir el momento, es algo que sabemos los lobos y los mongoles" , como dice Bilig. Tienen un papel fundamental en el equilibrio de la estepa, puesto que la cantidad excesiva o insuficiente estropea dicho equilibrio. Para establecer dicho equilibrio, los mongoles envían una parte de las crías a Tängri (una forma de terminar con la vida de los lobos), eliminándolas, y dejan una determinada cantidad de gacelas para que tengan suficiente comida y no ataquen a las ovejas.

Se percibe en la película un contraste obvio entre el ser humano y los lobos. Estos están muy unidos, y disponen del espíritu de colaboración cuando cazan en manada; son valientes e intrépidos para no tener miedo cuando sufren el ataque de los perros y logran librarse; son inteligentes para saber aprovechar al máximo el clima y el terreno para poner a sus rivales en desventaja, protegiéndose a sí mismos y a su manada; son nobles para acabar con su propia vida antes de rendirse a sus enemigos; son maternales, y se atreven a distraer a los cazadores para proteger a sus crías. Todas estas bondades que tienen los lobos es un antagonismo de lo egoísta, avaricioso y cobarde que son las personas como el director Bao.

El director del film asigna un papel igualitario al ser humano y a los lobos. Por ejemplo, cuando Bilig y Chen Zhen están observando a los lobos, ellos también están vigilando al ser humano con su mirada penetrante, presenciando cómo roban su comida, matan a sus hijos, y estropean la tierra de la estepa. Además, los mongoles tienen la costumbre de no enterrar a los muertos, lo cual es su manera de devolver su carne a la estepa, puesto que han matado muchas vidas para satisfacer su necesidad de consumir carne. De este modo se establece una relación igualitaria entre los hombres y los animales en la naturaleza. Al aparecer los lobos en el film como seres espirituales y dignos, cuando están privados de comida por parte del ser humano, inician la venganza, atacando a los rebaños de ovejas. Al final, todos los lobos son matados por el director Bao y sus cómplices de forma cruel, con pistola y prendiendo fuego a la estepa, menos el que crió Chen Zhen, el cual es liberado por Gasma en la estepa, creando un toque de esperanza que no existe en la novela original. Al final de la película, tanto los nombres de los actores como de los lobos son puestos en la pantalla, reforzando la posición igualitaria que tienen los lobos y el ser humano, mostrando el respeto del director a estos seres de la naturaleza.

(Figuras 67 y 68: Escenas de "El último lobo")

Las películas occidentales que mencionan el tema de la RCC, aunque no suponen una cantidad abundante, nos aportan de forma eficaz las percepciones sobre dicho movimiento fuera de China.

Las dos películas que se rodaron durante el acontecimiento, "La Chinoise" y "Les chinois à Paris" , reflejan la repercusión política que dejó este movimiento en el mundo occidental en su momento, sobre todo en la sociedad francesa. El maoísmo se puso de moda, mientras que el movimiento que lideró el dirigente chino se convirtió en una posible salida para Francia a los ojos de los jóvenes franceses comunistas, a pesar de la realidad de que nunca conocieron la esencia de dicho movimiento. El Libro Rojo, la radio Pekín, las imágenes del líder chino, así como los discursos políticos que hacían los jóvenes revolucionarios muestran la pretensión de imitar lo que estaba pasando en el lejano país oriental. Esa imitación superficial se mezcla con la ideología política que tenían anteriormente, de hecho, a juicio de estos jóvenes, la RCC tiene la misma naturaleza que la Toma de la Bastilla o la Revolución Francesa. Ese conocimiento parcial del movimiento chino le otorga un filtro embellecedor, haciendo que los jóvenes solo se fijen en las partes positivas de dicho movimiento. Por ejemplo, la joven estudiante Véronique sabe que la actividad de combinar la práctica con la teoría favorece a los estudiantes, pero lo que no sabe son las verdaderas experiencias que vivieron los estudiantes chinos en el movimiento de "subir a las montañas y descender a los pueblos" , las cuales son mucho más complejas de lo que ella piensa.

La intención del director de "Les chinois à Paris" es completamente diferente al crear una invasión imaginaria de Francia por parte del ejército chino, con el verdadero objetivo de criticar y ridiculizar la sociedad francesa bajo el contexto de la RCC. Dicho movimiento ya no es manifestado por los jóvenes franceses, sino por los soldados chinos que son representados humorísticamente, como una masa multitudinaria sin rostro. La ridiculización de las prácticas revolucionarias que ejerce el ejército chino es en realidad una cortina de humo para disimular la crítica hacia la idiosincrasia del pueblo francés frente a una posible invasión.

Las películas occidentales que se produjeron después de la RCC dedican menos espacio a dicho movimiento, aprovechándolo para contar historias ajenas, aún así, se puede observar claramente la imagen que los directores asignan a este movimiento. Se trata de una imagen estereotipada, resumida a una serie de signos revolucionarios estándar, tales como las manifestaciones de los Guardias Rojos, el acto de quemar los objetos de la cultura tradicional china o extranjera, el baile de la lealtad, la ópera revolucionaria, etc., los cuales constituyen elementos de mucha importancia que forman parte de dicho acontecimiento político. Sin embargo, debe haber un motivo por el que los directores de las distintas películas han elegido los mismos elementos para representar dicho movimiento, ignorando los otros factores de la revolución que también son cruciales. Este motivo consiste en las experiencias que sacan de las revoluciones políticas anteriores, especialmente la Revolución Francesa, por las características similares de las que disponen. Por ejemplo, en ambas revoluciones se destaca la lucha de clases y la abolición de los factores feudales. Por lo tanto, todos los elementos que son característicos de la Revolución Francesa tienen sus correspondencias en dichas películas: la violencia — el paseo de la humillación, la sesión de lucha y los otros actos violentos; la juventud y la multitud — la manifestación de los Guardias Rojos; la destrucción total — la destrucción de los "cuatro viejos" , etc. De esta forma, se estableció el mito occidental de la RCC a través de la acumulación de los símbolos revolucionarios típicos de la Revolución Francesa.

A pesar de la imagen parcial de la RCC que construyen dichas películas, constituyen obras cinematográficas muy importantes para conocer la mirada occidental sobre dicho movimiento y su legado, además de sus valores artísticos que han dejado mucho impacto en el cine.

Anexo

Para terminar, hemos creado un apéndice de fichas de todas las películas que aparecen en nuestro corpus. En dichas fichas se exponen las informaciones de los largometrajes, incluidos el título español del film y el título original, el director, el guionista, los intérpretes principales, el país de producción, la fecha de estreno, así como la fecha de estreno en España, en el caso de que se haya estrenado en este país. Hemos elegido también unos carteles representativos de cada película para que las fichas muestren la diversidad de representaciones de la idea principal, la revolución o simplemente formas exóticas de mostrar a China.

Los carteles forman parte muy importante del conjunto de la película, puesto que dan la primera imagen que es capaz de aumentar o disminuir el interés que siente el público sobre el largometraje. Su diseño y estilo reflejan, en cierto sentido, las características de las películas de una época determinada.

Durante el proceso de la elaboración de las fichas, hemos descubierto que los carteles de las películas rodadas en distintos momentos históricos presentan características muy diferenciadas. Por ejemplo, en la creación de los carteles de las películas tipo y las películas de la época de reflexión se observa con mucha frecuencia el cambio de la imagen al dibujo, la inversión de la imagen, el cambio del fondo en que se sitúan los protagonistas, la inclusión o la eliminación de los personajes secundarios que acompañan a los protagonistas, la dominancia del color rojo que simboliza la RCC, además de uso de los colores verdes y azules para contrastar el fondo, etc. En resumen, el elemento principal del cartel —suele ser el personaje principal—no cambia, y a ese elemento lo cambian por una representación caricaturesca, le modifican el fondo y el color, le rotan horizontalmente para cambiar ciertos elementos del personaje—su postura, mirada, o incluso, elementos del paisaje—, y le añaden o le quitan otros personajes, todo eso para que se presenten de forma más variable.

Los carteles de las películas chinas a partir de los años 90 disponen de un diseño más moderno, abandonando el uso de los dibujos, la inversión horizontal de las imágenes, la repetición de los elementos principales y otras técnicas típicas que se empleaban anteriormente. Gozan de un estilo más exquisito, y algunos con un toque minimalista y simbólico.

Los carteles de las películas occidentales hechas durante la época de la revolución también muestran la preferencia por el color rojo y la representación caricaturesca, pero a diferencia de las películas tipo, los carteles de estos filmes occidentales adoptan un estilo simbólico y metafórico, y algunos de estilo minimalista, con el juego del contraste de colores. Los carteles de las películas posteriores de la revolución se parecen más a los de las películas chinas de la era del mercado, presentando características ilustrativas y publicitarias, con fotografías de mejor calidad y mayor nivel de belleza.

El río vigoroso de Xiaoliang
《欢腾的小凉河》
(1976)

Director: Liu Qiong, Shen Yaoting
Guionista: Wang Lixin, Gao Xing
(adaptada de la novela homónima
de Wang Lixin)
Intérpretes:
Wang Suya......Ling Yanzi
Chen Qiang......Gao Laoda
Ding Shaokang...... Uncle Hai
País de producción: China
Fecha de estreno en China:
01/10/1976
Fecha de estreno en España: No
estrenada en España

Los nuevos llegados al pueblo montañoso
《山村新人》
(1976)

Director: Jiang Shusen, Jing Jie
Guionista: Zhao Yuxiang
(adaptada de la obra de teatro
homónima de Zhao Yuxiang)
Intérpretes:
Miao Zhuang......Xu Dacheng
Chen Guojun......Da Jiangzi
Liu Yanli......Liu Shinong
Fu Huiyuan......Wang Deshan
Li Li......Xu Xiaoyan
Xu Zhiyu......Zhang Zhenhe
Li Ying......Chen Guiqin
Zhang Jinling......Fang Hua
Qu Yun......Tía Zhang
Guo Zhenqing......Guo Yongkang
Pu Ke......Abuelo Zhou
País de producción: China
Fecha de estreno en China:
01/10/1976
Fecha de estreno en España: No
estrenada en España

Nubes rosas
《红霞万朵》
(1976)

Director: Chen Gang, Li Ming
Guionista: Grupo de creación de"Nubes rosas", Oficina Cultural del distrito de Anqing, provincia de Anhui
Intérpretes:
Liu Guanghui......Tang Guofeng
Guo Youhua......Lamei
Tian Yulian......Madre de Lamei
Si Shuxian......Chen Guifang
Lu Xiaotao......Nongjie
País de producción: China
Fecha de estreno en China: 01/10/1976
Fecha de estreno en España:
No estrenada en España

Tormenta en octubre
《十月的风云》
(1977)

Director: Zhang Yi
Guionista: Yan Yi
Intérpretes:
Li Rentang......A'Fan
Zhu Yijin......Gao Shan
Ji Muxian......Zhao Chun
Ye Linlang......Zhang Lin
He Xiaoshu......Wang Hua
Tang Guanghui......Xu Xuesong
Shi Shujin......He Yan
Lin Wei......Gu Dajie
Shao Yue'er......Maestro Zhong
Luo Yuncong......Maestro Qin
Liu Zinong......Ma Chong
Liu Yu......Li Jiu
Wu Xiaoping......Tang Hu
País de producción: China
Fecha de estreno en China:
01/10/1977
Fecha de estreno en España: No estrenada en España

Un camino tormentoso
《风雨里程》
(1978)

Director: Cui Wei
Guionista: Cui Wei
Intérpretes:
Cao Weiqi......Lu Yunzhi
Yuan Yuan......Gounao
Wang Biao......Sun Zhizong
Fan Peide......Zhu Erpang
Bao Huiping......Li Tonghua
Xu Dongfang......Xu Shengli
Yin Baocheng......Zhou Shun
Rong Xiaomi......Xiaodou
Cheng Hankun......Zhao Qidong
Qi Xiyao......Viejo secretario
Zhang Yunxiang......Tío Zhang
Liu Zhao......Qian Youren
Jiang Gengchen......Feng Guan
Wang Bingyu......Yan Kunyu
Mu Huaihu......Tian Gen
Chi Jianhua......Yao Xingbang
Wang Binglin......Che Jin
Fang Shu......Bian Jinxiu
Liu Xiaohua......Capitana
País de producción: China
Fecha de estreno en China: 1978
Fecha de estreno en España: No estrenada en España

Un curso severo
《严峻的历程》
(1978)

Director: Su Li, Zhang Jianyou
Guionista: Zhang Xiaotian, Dai Jiyu, Li Jie
Intérpretes:
Guo Zhenqing......Chen Wanpeng
Tian Chengren......Cheng Guanghan
Ma Qun......Xiao Qian
Zhao Zhilian......Cheng Shaojie
Zheng Zaishi......Fang Lei
País de producción: China
Fecha de estreno en China: 01/10/1978
Fecha de estreno en España: No estrenada en España

El temblor de la vida
《生活的颤音》
(1977)

Director: Teng Wenji, Wu Tianming
Guionista: Teng Wenji
Intérpretes:
Shi Zhongqi......Zheng Changhe
Xiang Kun......Xu Yixiang
Xiang Zhili......Wei Li
Ruan Fei......Zhang Guoying
Zhi Yitong......Zhao Ban
Leng Mei......Xu Shanshan
Zheng Danian......Zhang Guoliang
Fu Qinzeng......Li Lin
Sun Yonghe......Zheng Gongpu
Weng Luming......Wu Wei
Lin Zunding......Wu Ran
País de producción: China
Fecha de estreno en China: 01/01/1979
Fecha de estreno en España: No estrenada en España

Lluvias nocturnas de Bashan
《巴山夜雨》
(1980)

Director: Wu Yonggang, Wu Yigong
Guionista: Ye Nan
Intérpretes:
Li Zhiyu......Qiu Shi
Qiang Ming......Li Yan
Ouyang Qiuru......Abuela
Lu Qing......Song Minsheng
Shi Ling......Guan Shengxuan
Zhang Yu......Liu Wenying
Zhong Xinghuo......Policía Wang
Lin Bin......Profesora
Zhang Min......Xinghua
Wang Fan......Padre de Xinghua
Mao Weihui......Juanzi
País de producción: China
Fecha de estreno en China: 01/01/1980
Fecha de estreno en España: No estrenada en España

El pequeño violinista
《琴童》
(1980)

Director: Fan Lai
Guionista: Zhao Danian
Intérpretes:
Xiang Mei......Yu Ping
Wu Cihua......Liu Xin
Gao Xiaoyang......Yu Jingjing
Ding Yi......Yu Jingjing (niño)
Xie Shiying......Yu Xiaoming
Gu Langhui......Fang Wei
Mao Tiemin......Director Wang
Huang Zhongming......Profesor Zhou
Ye Liping......Du Xiaohan
Lu Ping......Yu Qin
Wu Han......Mao Dake
Lin Zhihai......Mao Erke
Shi Fenghe......Xiao Shi
País de producción: China
Fecha de estreno en China: 1980
Fecha de estreno en España: No estrenada en España

Las risas en Yueliangwan
《月亮湾的笑声》
(1981)

Director: Xu Suling
Guionista: Jin Haitao, Fang Yihua
Intérpretes:
Zhang Yan......Jiang Maofu
Gu Yuqin......Lan Hua
Tan Pengfei......De Shan
Feng Guangquan......
Periodista
Fang Danbo......Comandante del
ejército
Zhong Xinghuo......Qing Liang
Kou Zhenhai......Jiang Guigen
Ouyang Ruqiu......Madre de Lan
Hua
Zhu Sha......Tía Yu
Li Shouzhen......Tía Zhou
País de producción: China
Fecha de estreno en China:
01/01/1981
Fecha de estreno en España: No
estrenada en España

Calle estrecha
《小街》
(1981)

Director: Yang Yanjin
Guionista: Xu Yinhua
Intérpretes:
Zhang Yu......Yu
Guo Kaimin......Xia
Yang Yanjin......Director Zhong
Qiu Shihui......Médico
Chen Danrong......
Enfermera
Mao Lu......Anciano
Liang Ming......Anciana
País de producción: China
Fecha de estreno en China: 1981
Fecha de estreno en España: No estrenada en España

Xu Mao y sus hijas
《许茂和他的女儿们》
(1981)

Director: Li Jun
Guionista: Zhou Keqin, Xiao Mu (adaptada de la novela homónima de Zhou Keqin)
Intérpretes:
Jia Liu......Xu Mao
Siqin Gaowa......Tercera hija
Wang Fuli......Cuarta hija
Zhou Hong......Séptima hija
Zhao Na......Novena hija
Feng En'he......Jin Dongshui
Tian Hua......Yan Shaochun
Cun Li......Long Qing
Wang Hui......Luo Zuhua
Jiang Cheng......Wu Changquan
Wu Junquan......Qi Mingjiang
Kang Yousheng......Chang Sheng
Shi Yan......Zheng Baixiang
Liu Yi......Chang Xiu
Xu Guangming......Zheng Bairu
País de producción: China
Fecha de estreno en China: 1981
Fecha de estreno en España: No estrenada en España

La leyenda de Tianyunshan
《天云山传奇》
(1981)

Director: Xie Jin
Guionista: Lu Yanzhou (adaptada de la novela 《满山杜鹃红》 Montaña de Azalea roja de Lu Yanzhou)
Intérpretes:
Shi Jianlan......Feng Qinglan
Shi Weijian......Luo Qun
Wang Fuli......Song Wei
Hong Xuemin......Zhou Yuzhen
Huang Xuejiao......Ling Yun
Zhong Xinghuo......Wu Yao
Liu Han......Ling Shu
Li Shujun......Jefe Zhu
Niu Ben......Wang Lihan
Ling Dugui......Técnico
Ning Hualu......Anciano
Wu Hao......Primer Secretario
Wu Tong......Secretario Chen
Xia Yongan......Ingeniero viejo
Zhou Tiangang......Xiao Gang
País de producción: China
Fecha de estreno en China: 14/11/1981
Fecha de estreno en España: No estrenada en España

El pastor
《牧马人》
(1982)

Director: Xie Jin
Guionista: Li Zhun (adaptada de la novela 《灵与肉》 Alma y cuerpo de Zhang Xianliang)
Intérpretes:
Zhu Shimao......Xu Lingjun
Cong Shan......Li Xiuzhi
Liu Qiong......Xu Jingyou
Niu Ben......Guo Zi
Lei Zhongqian......Dong Kuan
Chen Xiaoyi......Song Jiaoying
Yu Guichun......Wang Fuxing
Fang Chao......Qingqing
Zhang Xiaohui......Niu Fengying
Su Zheng......Tía Dong
Wu Jingli......Haisheng
Zhao Ziyue......Xiang Fushun
Song Jian......Director Dong
Qi Mengshi......Xie Wenqing
Zhang Miaozhen......Shen shuzhen
Sui Shujun......Profesora
País de producción: China
Fecha de estreno en China: 01/01/1982
Fecha de estreno en España: No estrenada en España

Lo que desees
《如意》
(1982)

Director: Huang Jianzhong
Guionista: Dai Zong'an, Liu Xinwu
(adaptada de la novela homónima
de Liu Xinwu)
Intérpretes:
Li Rentang......Shi Yihai
Zheng Zhenyao......Jin Qiwen
Tan Tianqian......Cheng Yu
Tao Yuling......Qiu Yun
Yu Zhongyi......Maestro Wang
Zhao Ziyue......Tío Guo
Li Jianguo......Rector Zhao
Wu Suqin......Señora Feng
Ge Cunzhuang......Fu Xunhao
País de producción: China
Fecha de estreno en China:
01/01/1982
Fecha de estreno en España: No
estrenada en España

No te olvides de mí
《勿忘我》
(1982)

Director: Yu Yanfu
Guionista: Lu Qi, Liu Changyuan
Intérpretes:
Fang Shu......Wenwen
Li Zhiyu......Zhou Hong
Zhang Changbo......
Secretario Li
País de producción: China
Fecha de estreno en China:
04/1982
Fecha de estreno en España: No
estrenada en España

Bajo el Puente
《大桥下面》
(1983)

Director: Bai Chen
Guionista: Bai Chen, Ling Qiwei, Zhu Dian, Zheng Binghui
Intérpretes:
Gong Xue......Qin Nan
Zhang Tielin......Gao Zhihua
Wang Pin......Madre de Gao
Yin Xin......Xiao Yun
Qi Mengshi......Padre de Qin
Yuan Kai......Gao Yinghua
Fang Chao......Dongdong
Shi Shugui......Señora Zhou
Jiang Shan......Tío de Qin
Wang Wei......Tía de Qin
Yang Heping......Xiao Jian
Xue Guoping......Maomao
Yang Yutian......Señora You
Wang Weiping......Meng Bin
Yue Yun......Xiao Chen
País de producción: China
Fecha de estreno en China: 1983
Fecha de estreno en España: No estrenada en España

Nuestro campo
《我们的田野》
(1983)

Director: Xie Fei
Guionista: Xiao Jian, Xie Fei, Pan Yuanliang
Intérpretes:
Zhou Lijing......Chen Xinan
Zhang Jing......Han Qiyue
Lei Han......Xiao Didi
Lü Xiaogang......Qu Lin
Lin Fangbing......Wu Ningyu
Ji Peijie......Han Shiyue
País de producción: China
Fecha de estreno en China: 09/03/1983
Fecha de estreno en España: No estrenada en España

Su forma de vivir
《张家少奶奶》
(1985)

Director: Ye Ming
Guionista: Ye Ming (adaptada de la novela 《流逝》 Fuga de Wang Anyi)
Intérpretes:
Li Lan......Ouyang Ruili
Meng Qian......Suegra
Bai Mu......Suegro
Lü Liping......Zhang Wenying
Lu Yi......Lailai (niño)
Wang Weiping......Zhang Wenyao
País de producción: China
Fecha de estreno en China: 01/01/1985
Fecha de estreno en España: No estrenada en España

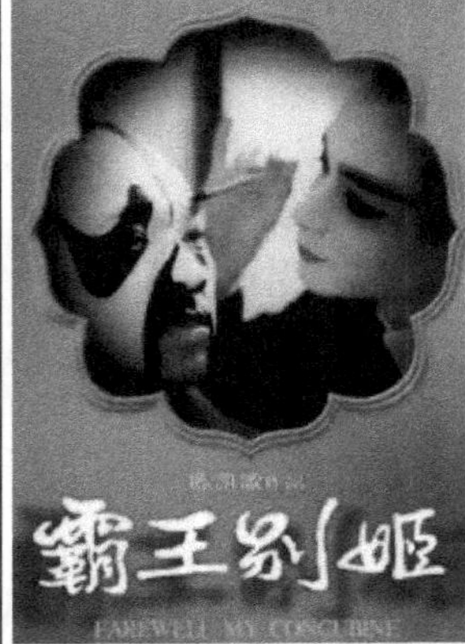

Adiós a mi concubina
《霸王别姬》
(1993)

Director: Chen Kaige
Guionista: Li Bihua, Lu Wei (Adaptada de la novela homónima de Li Bihua)
Intérpretes:
Zhang Guorong......Cheng Dieyi
Yin Zhi......Cheng Dieyi (adolescente)
Zhang Guorong......Cheng Dieyi (niño)
Gong Li......Ju Xian
Zhang Fengyi......Duan Xiaolou
Zhao Hailong......Duan Xiaolou (adolescente)
Fei Yang......Duan Xiaolou (niño)
Lü Qi......Maestro Guan
Ying Da......Na Kun
Ge You......Yuan Shiqing
Yidi......Eunuco Zhang
Zhi Yitong......Saburo Aoki
Lei Han......Xiaosi
Li Chun......Xiaosi (adolescente)
Li Dan......Laizi
Wu Daiwai......Guardia Rojo
País de producción: China
Fecha de estreno en China: 01/01/1993
Fecha de estreno en España: 09/03/1994

Vivir
《活着》
(1994)

Director: Zhang Yimou
Guionista: Yu Hua, Lu Wei (Adaptada de la novela homónima de Yu Hua)
Intérpretes:
Ge You......Xu Fugui
Gong Li......Jia Zhen
Niu Ben......Jefe de la ciudad
Jiang Wu......Wang Erxi
Fei Deng......Xu Youqing
Guo Tao......Chunshen
Liu Tianchi......Xu Fengxia (adulta)
Huang Zongluo......Padre de Fugui
Liu Yanjin......Madre de Fugui
Ni Dadong......Long'er
Li Lianyi......Lao Guan
Xiao Jie......Xu Fengxia (adolescente)
Zhang Lu......Xu Fengxia (niña)
País de producción: China
Fecha de estreno en China:
18/06/1994 (Taiwán)
Fecha de estreno en España:
25/11/1994

La historia de Xiao Fang
《小芳的故事》
(1994)

Director: Jiang Haiyang
Guionista: Wan Fang (adaptada de la canción homónima de Li Chunbo)
Intérpretes:
Hu Xin......Xiao Fang
Lü Liang......Chen Weidong
Ding Jiali......Qu Nannan
Wei Guochun......Qiao Anwen
Peng Bo......Qu Lang
Wu Haili......Jiang Xiaofei
Ding Huayu......Jefe Hu
País de producción: China
Fecha de estreno en China: 01/01/1994
Fecha de estreno en España: No estrenada en España

Días de sol
《阳光灿烂的日子》
(1995)

Director: Jiang Wen
Guionista: Jiang Wen (adaptada de la novela 《动物凶猛》 Animales feroces de Wang Shuo)
Intérpretes:
Han Dong......Ma Xiaojun (adulto)
Xia Yu......Ma Xiaojun (adolescente)
Feng Xiaogang......Señor Hu
Geng Le......Liu Yiku
Ning Jing......Mi Lan
Tao Hong......Yu Beibei
Shang Nan......Liu Sitian
Siqin Gaowa......Madre de Ma Xiaojun
País de producción: China
Fecha de estreno en China: 28/06/1995 (Hong Kong) 21/08/1995 (Continente)
Fecha de estreno en España: No estrenada en España

Un viaje agradable
《芳香之旅》
(2006)

Director: Zhang Jiarui
Guionista: Zhang Jiarui, Yuan Daju
Intérpretes:
Zhang Jingchu......Chunfen
Fan Wei......Lao Cui
Nie Yuan......Liu Fendou
Huang Lu......Xiao Ying
Wang Jing......Señora Wang
Liang Kunsen......Lao Tian
He Yuanqing......Capitán Wang
Li Hongyu......Xiao Hong
Jiang Xiaomei......Señora Li
País de producción: China
Fecha de estreno en China:
14/02/2006
Fecha de estreno en España: No
estrenada en España

Amor bajo el espino blanco
《山楂树之恋》
(2010)

Director: Zhang Yimou
Guionista: Yin Lichuan, Gu Xiaobai, A Mei, Ai Mi (adaptada de la novela anónima de Ai Mi)
Intérpretes:
Zhou Dongyu......Jing Qiu
Dou Xiao......Lao San
Xi Meijuan......Madre de Jingqiu
Jiang Ruijia......Wei Hong
Lü Liping ......Madre de Wei Hong
Yu Xinfu......Zhang Changlin
Yi Xinyun......Zhang Changfang
Sun Haiying......Padre de Lao San
Chen Xingxu......Hermano de Lao San
País de producción: China
Fecha de estreno en China: 16/09/2010
Fecha de estreno en España: 13/08/2012

Regreso a casa
《归来》
(2014)

Director: Zhang Yimou
Guionista: Zou Jingzhi (adaptada de la novela 《陆犯焉识》 El criminal Lu Yanshi de Yan Geling)
Intérpretes:
Chen Daoming......Lu Yanshi
Gong Li......Feng Wanyu
Zhang Huiwen......Dandan
Liu Peiqi......Camarada Liu
Zu Feng ......Instructor Deng
Yan Ni......Directora Li
Zhang Jiayi......Doctor Wang
Chen Xiaoyi......Gong Suzhen
Gao Tao......Liu Liang
Li Chun......Cui Meifang
Xin Baiqing......director de colegio
Ding Jiali......Esposa de Fang
País de producción: China
Fecha de estreno en China: 16/05/2014
Fecha de estreno en España: 05/08/2016

La Chinoise
(1967)

Director: Jean-Luc Godard
Guionista: Jean-Luc Godard
Intérpretes:
Anne Wiazemsky......
Veronique
Jean-Pierre Léaud......
Guillaume
Juliet Berto......Yvonne
Michel Semeniako......Henri
Lex De Bruijn......Kirilov
Omar Diop......Omar
Francis Jeanso......Francis
Blandine Jeanson......
Blandine
Eliane Giovagnoli......Son ami
País de producción: Francia
Fecha de estreno: 30/08/1967
(Francia)
Fecha de estreno en España:
19/05/2006

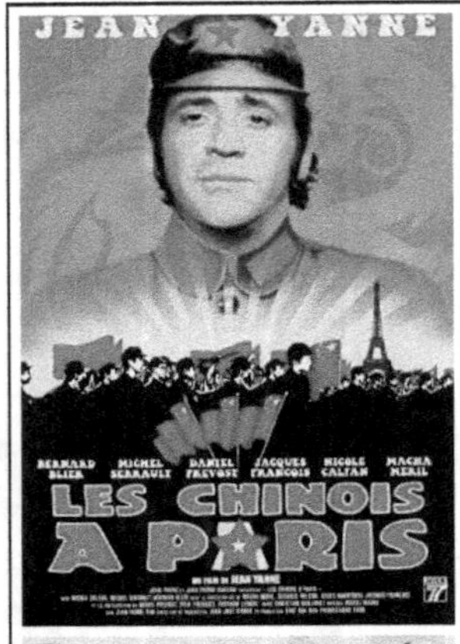

Les Chinois à Paris
(1974)

Director: Jean Yanne
Guionista: Jean Yanne, Gérard Sire, Robert Beauvais
Intérpretes:
Jean Yanne......Régis Forneret
Nicole Calfan......Stéphanie
Michel Serrault......Grégoire Montclair
Kyōzō Nagatsuka...... General Pou-Yen
Jacques François......Hervé Sainfous de Montaubert
Georges Wilson......Lefranc
Macha Méril......Madeleine Fontanes
Bernard Blier......Presidente de Francia
Paul Préboist...... Funcionario
Fernand Ledoux...... Frugebelle
Daniel Prévost......Albert Fontanes
País de producción: Francia
Fecha de estreno:
28/02/1974 (Francia)
Fecha de estreno en España:
No estrenada en España

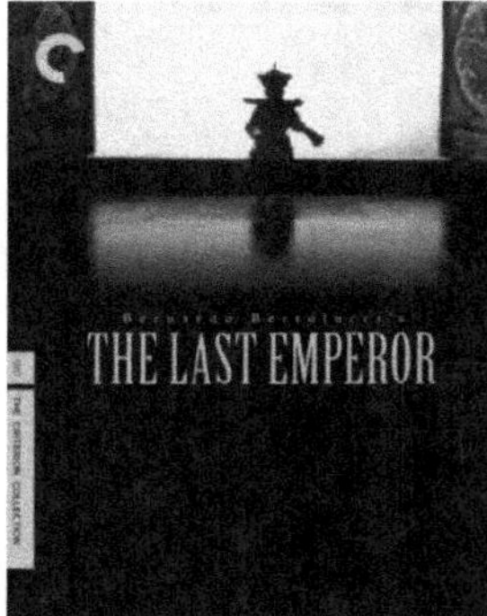

El último emperadorThe Last Emperor
(1987)

Director: Bernardo Bertolucci
Guionista: Mark Peploe, Bernardo Bertolucci (basada en el libro 《我的前半生》 Yo fui emperador de China, autobiografía de Pu Yi)
Intérpretes:
John Lone......Pu Yi (adulto)
Richard Vuu......Pu Yi (3 años)
Tijger Tsou......Pu Yi (8 años)
Wu Tao......Pu Yi (15 años)
Joan Chen......Wanrong
Peter O'Toole......Reginald Johnston
Ying Ruocheng......
Detention Camp, Governador del campo de detención
Victor Wong......Chen Baochen
Dennis Dun......Big Li
Ryuichi Sakamoto...... Masahiko Amakasu
Maggie Han......Eastern Jewel (Yoshiko Kawashima)
Ric Young......Interrogador
Wu Junmei......Wenxiu
Cary-Hiroyuki Tagawa......Chang
Jade Go......Ar Mo
Fumihiko Ikeda......Colonel Yoshioka
Fan Guang......Pu Jie (adulto)
Henry Kyi......Pu Jie (7 años)
Alvin Riley III......Pu Jie (14 años)
Lisa Lu......Emperatriz viuda Cixi
Hideo Takamatsu......General Takashi Hishikari
Hajime Tachibana......Traductor japonés
Basil Pao......Príncipe Chun, Padre de Pu Yi
Henry O......Ministro del Interior
País de producción: Italia, Reino Unido, China, Francia
Fecha de estreno: 23/10/1987 (Italia)
Fecha de estreno en España: 17/12/1987

M. Butterfly
(1993)

Director: David Cronenberg
Guionista: David Wright Hwang (basada en la obra de teatro M. Butterfly de David Wright Hwang)
Intérpretes:
Jeremy Irons......René Gallimard
John Lone......Song Liling
Ian Richardson......Embajador Toulon
Barbara Sukowa......Jeanne Gallimard
Annabel Leventon......Frau Baden
Shizuko Hoshi......Camarada Chin
Vernon Dobtcheff......Agente Entacelin
País de producción: Estados Unidos
Fecha de estreno: 01/10/1993 (Estados Unidos)
Fecha de estreno en España: 03/12/1993

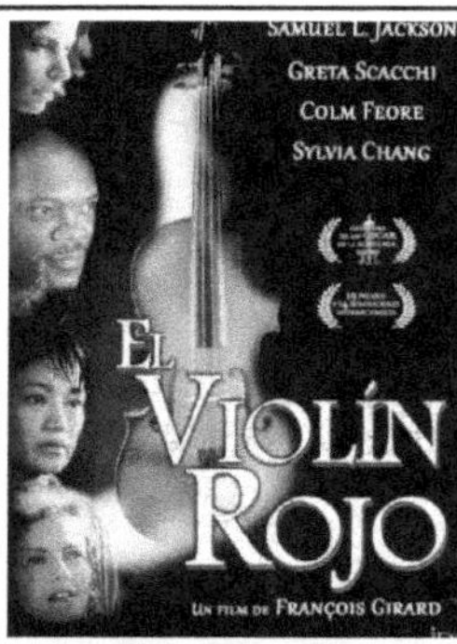

El violín rojo Le Violon rouge (1998)

Director: François Girard
Guionista: Don McKellar, François Girard
Intérpretes:
Cremona
Carlo Cecchi......Nicolò Bussotti
Irene Grazioli......Anna Rudolfi Bussotti
Anita Laurenzi......Cesca
Viena
Christoph Koncz......Kaspar Weiss
Jean-Luc Bideau......
Georges Poussin
Oxford
Jason Flemyng......Frederick Pope
Greta Scacchi......Victoria Byrd
Eva Marie Bryer......Sara
Joshua Bell......Miembro de la orquesta:
Primer violín
Shanghai
Sylvia Chang......Xiang Pei (y madre de
Xiang Pei)
Tao Hong......Chen Gang
Liu Zifeng......Zhou Yuan
Han Xiaofei......Ming
Montreal
Samuel L. Jackson......
Charles Morritz
Colm Feore......Subastador
Monique Mercure......
Madame Leroux
Don McKellar......Evan Williams
País de producción: Canadá
Fecha de estreno: 02/09/1998 (Venecia)
13/11/1998 (Canadá)
Fecha de estreno en España: 02/07/1999

Balzac y la joven costurera china
Balzac et la petite tailleuse
chinoise
(2002)

Director: Dai Sijie
Guionista: Dai Sijie, Nadine Perront
(basada en la novela homónima de
Dai Sijie)
Intérpretes:
Zhou Xun......Costurera
Liu Ye......Ma Jiaming
Chen Kun......Luo Ming
Wang Shuangbao......Jefe de la aldea
Wang Hongwei......Gafotas
Fan Qinyun......Doctor
Cong Zhijun......Viejo sastre
Xiao Xiong......Madre de Gafotas
Chen Wei......Esposa del jefe de la
aldea
Tang Zuohui......Viejo trabajador del
molina
Chen Tianlu......Director de la
comuna
País de producción:
Francia, China
Fecha de estreno:
16/05/2002 (Francia)
Fecha de estreno en España:
22/11/2002

El ultimo lobo Wolf Totem
(2015)

Director: Jean-Jacques Annaud
Guionista: Jean-Jacques, Annaud, Alain Godard, John Collee, Lu Wei, Lu Jiamin (basada en la novela semi-autobiográfica homónima de Lu Jiamin)
Intérpretes:
Feng Shaofeng......Chen Zhen
Dou Xiao......Yang Ke
Ankhnyam Ragchaa......Gasma
Yin Zhusheng......Bao Shungui
Basenzhabu......Bilig
Baoyingexige......Batu
Bao Hailong......Lanmu Zhabu
Baduo......Forastero
Qinaritu......Geritai
País de producción:
China, Francia
Fecha de estreno:
19/02/2015 (China)
25/02/2015 (Francia)
Fecha de estreno en España:
10/04/2015

Bibliografía

- ABELLÁN, Joaquín (2007). "En torno al objeto de la historia de los conceptos de Reinhart Koselleck". El giro contextual: cinco ensayos de Quentin Skinner y seis comentarios, Tecnos, Madrid, p. 215-244.

- AGUIRRE ROMERO, Joaquín Mª (2007). "La violencia de la interpretación". Línguas & Letras Dossié: Linguagem, Literatura e Autoritarismo, 6(10) (1 semestre, 2005), Centro de Educação, Comunicação e Artes, Universidade Estadual do Oeste do Paraná (UNIOESTE), Brasil , p. 25-34.

- BARTHES, Roland (1977). Introducción al análisis estructural de los relatos. Traducción de Beatriz Dorriots.Buenos Aires: Editorial Tiempo Contemporáneo.

- BARTHES, Roland (1999). Mitologías. Ciudad de México: Siglo XXI Editores.

- BASCHIERA, Stefano (2014). "From Beijing with love: The global dimension of Bertolucci' s The Last Emperor". Journal of Italian Cinema & Media Studies, 2(3), p. 399-415.

- BIAGINI, Hugo E (2002)."Marcuse y la generación de la protesta".Movimientos estudiantiles en la historia de América Latina, 3, p. 301-325.

- CAAMAÑO TOMÁS, Alejandro (2011). "La nueva tematización en el desarrollo textual en las investigaciones de Teun A. Van Dijk, János Petöfi y MAK Halliday". Revista Fuentes humanísticas: "Historia y ficción literaria", 24(43) (segundo semestre, 2011), p.131-144. [En línea]. Disponible: http://zaloamati.azc.uam.mx/handle/11191/2187 (última visita: 10/11/2020)

- CAPARRÓS LERA, Josep Maria (2018). "Cine y 68: el impacto de la revolución en la pantalla". Arbor, 194(787), p. 431.

- CARBALLO, Maite Noeno (2007). "El lenguaje en el cine de Jean-Luc Godard". Studium: Revista de humanidades, 13, p. 73-86.

- CARVALHO, Jailson Dias (2020). "JEAN-LUC GODARD Y LA EDUCACIÓN: el ejemplo de La Chinoise (A Chinesa, 1967)". PLURAIS-Revista Multidisciplinar, 4(2), p. 146-168.

- CHEN, Kaige (1985). "Sobre La tierra amarilla". Vespertino de cine, 10(5), p. 3-5. [original chino: 陈凯歌 (1985). "关于《黄土地》". 电影晚报, 10(5), p. 3-5.]

- CHEN, Kaige (2009). Memoria de mi juventud. Beijing: Editorial de la Universidad Renmin de China. [original chino: 陈凯歌 (2009). 我的青春回忆录. 北京: 中国人民大学出版社.]

- DAI, Jinhua (2006). Paisaje en la niebla. Beijing: Editorial de la Universidad de Beijing. [original chino: 戴锦华 (2006). 雾中风景. 北京大学出版社.]

- DAI, Sijie (2001). Balzac y la joven costurera china. Traducción de Manuel Serrat Crespo. Barcelona: Editorial Salamandra.

- DIJK, Teun A. van (1992). La ciencia del texto: un enfoque interdisciplinario. Barcelona: Editorial Paidós Ibérica.

- FERNÁNDEZ BUEY, Fco. Entre mayo del 68 y la guerra del Vietnam. Barcelona: Universidad Pompeu Fabra. [En línea]. Disponible en https://www.upf.edu/materials/ polietica/_pdf/ mayo68.pdf. (última visita: 10/11/2020)

- FONT, Domènec (2001). "Jean-Luc Godard y el documental. Navegando entre dos aguas". Revista Anàlisi. Quaderns de Comunicació i Cultura, 27, p. 91-100.

- FOUCAULT, Michel (1970). El orden del discurso. Traducción de Alberto González Troyano (1992), Buenos Aires: Editorial Tusquets.

- FRAGA, Eugenia (2018). "Movimiento estudiantil y Nueva Izquierda en los Estados Unidos de los 60's. Su defensa y crítica en Wright Mills y Marcuse". Argumentos. Revista de Critica Social, 20, p. 179-200.

- FRANCOIS, Furet (1978). Pensar la Revolución Francesa. Barcelona: Petrell.

- FUSI, Juan Pablo (1990). "El mito de la Revolución Francesa". Masonería, revolución y reacción. Instituto Alicantino de Cultura Juan Gil-Albert, 1, p. 3-12.

- GARRONI, Emilio (1975). Projecto de Semiotica; Mensajes artisticos y lenguajes no verbales; Problemas teoricos y aplicados. Barcelona: Editorial Gustavo Gili.

- GODARD, Jean-Luc (1998). Godard par Godard. Tome 1: 1950-1984. Paris: Cahiers du cinéma.

- GÓMEZ TARÍN, Francisco Javier (2006). El análisis del texto fílmico. Castellón: Beira Interior. [En línea]. Disponible en http://www.bocc.ubi.pt/pag/tarin-francisco-el-analisis-del-texto-filmico.pdf (última visita: 10/11/2020)

- GUIJARRO, J. L. (1981). "Introducción a la teoría sistémica de MAK Halliday". Revista española de lingüística, 11(1), p. 91-116.

- GÜELL, Pedro Ibarra; FRANCO, Noemí Bergantiños (2008). "Movimientos estudiantiles: de mayo del 68 a la actualidad. Sobre las experiencias 'utópicas' en un movimiento peculiar". Movimientos estudiantiles: resistir, imaginar, crear en la Universidad: Asamblea de Ciencias Sociales por una Universidad crítica. Universidad del País Vasco/Euskal Herriko Unibertsitatea, p.

11-28.

- HE, Chunmei (2016). "Los confundidos en el choque cultural – Análisis de Dai Sijie y su película Balzac y la joven costurera china". Revista del Instituto de Educación de Lanzhou, 32(2), P. 48-50. [original chino: 何春梅 (2016). "文化冲击中的迷惘者——戴思杰及其电影作品《巴尔扎克和小裁缝》 评析". 兰州教育学院学报, 32(2), 48-50.]

- HE, Hongchi; ZHANG Jianping (2011). "Investigación sobre la responsabilidad social en las películas de Xie Jin". Literatura del cine, 1, p. 50-54. [original chino: 何洪池; 张建平 (2011). "谢晋电影的社会责任感研究". 电影文学, 1, p. 50-54.]

- HUMBOLDT, Wilhelm von (1821). "En el trabajo del historiador". Escritos recopilados, 4, p. 57-71.

- HUMBOLDT, Wilhelm von (1980). Escritos de antropología e historia. Stuttgart : Cotta.

- IMBERT, Gerard (2017). "Después de Mayo. La memoria del 68 a través del cine: entre revolución individual y colectiva". Libre Pensamiento, 93 (2017/2018), p. 49-55. [En línea]. Disponible en http://hdl.handle.net/10016/28835 (último vista: 10/11/2020)

- JIA, Jichuan (2017). "El movimiento de la Nueva Ilustración en la década de 1980 y la creación artística de los directores de la quinta generación". Revista de la Escuela de Lengua y Literatura China de la Universidad Normal de Nanjing, 3, p. 105-109. [original chino: 贾冀川 (2017). "20 世纪 80 年代的新启蒙运动与第五代导演的创作". 南京师范大学文学院学报, 3, p. 105-109.]

- KOSELLECK, Reinhart (1993). Futuro pasado. Para una semántica de los tiempos históricos. Buenos Aires: Paidós Ibérica.

- KOSELLECK, Reinhart (2004). "Historia de los conceptos y conceptos de historia". Ayer, 53(1), p. 27-45.

- LAURENT, Virginie (2009). "Mayo del 68, cuarenta años después. Entre herencias y controversias". Revista de Estudios Sociales, Universidad de Los Andes (Colombia), 33, p. 29-43.

- LEFEBVRE, Georges; BUENO, Rosa (1982). 1789: Revolución Francesa. Barcelona: Laia.

- LOTMAN, Iuri M. (1996). La semiosfera I Semiótica de la cultura y del texto. Madrid: Cátedra.

- LOTMAN, Iuri M; SÁNCHEZ, José Fernández; I ROMAGUERA RAMIÓ, Joaquim (1979). Estética y semiótica del cine. Barcelona: Editorial Gustavo Gili.

- LOTMAN, Iuri M.; NAVARRO, Desiderio; CÁCERES, Manuel (1996). La semiosfera. Valencia: Universitat de València.

- LV, Xiaoming (1999). "Panorama del cine chino de la década de 1990 – la sexta generación y sus cuestionamientos". Arte cinematográfico, 3, p. 23-28. [original chino: 吕晓明 (1990). "90 年代中国电影景观之一 "第六代" 及其质疑". 电影艺术, 3, p. 23-28.]

- MARTINET, André (1961). "Reflexiones sobre la frase". Language and Society (Melanges, Jansen), Copenhague, p. 113.

- MENG, Lihua (2012). "La imagen femenina en la trilogía de Xie Jin". Crítica cinematográfica, 18, p. 19-20. [original chino: 孟丽花 (2012). "论谢晋三部曲" 中的女性形象".电影评介, 18, p. 19-20.]

- METZ, Christian (1973). Lenguaje y cine. Barcelona: Editorial Planeta.

- MONCASÍ, Arnau Vilaró I (2016). "Entre la representación y la figuración. El cine de la Nouvelle Vague: una revisión histórica/ Between representation and figuration. Nouvelle Vague's cinema: a history revisión". Historia y comunicación social, 21(1), p. 221-239.

- PAN Wen (2004). "Ellos son una generación confundida y sin futuro – comentario sobre el tema de Balzac y la joven costurera china". Diario de la escuela del partido de Zhejiang, 3, p. 122-125. [original chino: 潘雯 (2004). "他们是文化迷惘而无着的一代——评《巴尔扎克与中国小裁缝》 的主题". 中共浙江省委党校学报, 3, p. 122-125.]

- PASTOR, Jaime (2008). "Mayo 68, de la revuelta estudiantil a la huelga general. Su impacto en la sociedad francesa y en el mundo". Dossiers feministes, 12, p. 31-47.

- POZAS HORCASITAS, Ricardo (2014). "Los 68: encuentro de muchas historias y culminación de muchas batallas". Perfiles latinoamericanos, 22(43), p. 19-54.

- QIN, Jianhua (2014). "Análisis del simbolismo en El último emperador". Literatura del cine, 5, p. 84-85. [original chino: 秦建华 (2014). "《末代皇帝》 的象征主义解析". 电影文学, 5, p. 84-85.]

- RUSSO, Eduardo A. (1998). Diccionario de cine. Barcelona: Paidós.

- SAUQUILLO, Julián (2016). "La Chinoise contra Les Mots et les choses: la 'flor azul' de Michel Foucault y el lector que está por venir". Dorsal. Revista de estudios foucaultianos, 1, p. 37-67.

- SIGUAN, Miquel (1968). "La vida y la obra de Herbert Marcuse". Convivium, 27, p. 89-101.

- SILVEIRA PAULILO, Maria Angela (2011). "El poder de las representaciones sociales: M. Butterfly, la mujer perfecta". Athenea Digital. Revista de pensamiento e investigación social, 11(2), p. 215-223.

- SOBOUL, Albert (1972). Compendio de la historia de la Revolución Francesa. Madrid: Tecnos.

- STAM, Robert (1981). El espectáculo interrumpido: literatura y cine de desmitificación. São Paulo: Paz e Terra.

- SU, Yanghua (2012). Memoria "traumática" – acusación, reflexión y consumo. TFM, Universidad de suroeste. [original chino: 苏阳花 (2012). "创伤" 记忆—控诉, 反思与消费. 硕士毕业论文. 西南大学.]

- TAO, Dongfeng (1996). "Retrospección y reflexión de la controversia cultural en la década de 1990". Académico Mensual, 4, p. 138. [original chino: 陶东风 (1996). "90 年代文化论争的回顾与反思". 学术月刊, 4, 34-39.]

- TIAN, Jian (1981). "Cuando llueve por la noche en Bashan – la asombrosa dirección de Lluvias nocturnas en Bashan". Arte del cine, 1, p. 8-15. [original chino: 天刃 (1981). "却话巴山夜雨时——评《巴山夜雨》 的导演艺术". 电影艺术, 1, p. 8-15.]

- VOVELLE, Michel; GALMARINI, Marco Aurelio (1981). Introducción a la historia de la Revolución Francesa. Barcelona: Crítica.

- WALDMAN, Gilda (2018). "Medio siglo de movimientos estudiantiles. El impacto de 1968". Revista mexicana de ciencias políticas y sociales, 63(234), p. 419-424.

- WALDMAN, Gilda (2000). "Los movimientos estudiantiles de 1968 y 1999: contextos históricos y reflexiones críticas". Revista mexicana de ciencias políticas y sociales, 44(178), p. 277-293.

- WANG, Lili (2009). "Análisis del lenguaje cinematográfico de la película El último emperador". Literatura de Anhui: la segunda mitad del mes, 6, p. 149-149. [original chino: 王莉莉 (2009). "影片《末代皇帝》 电影语言读解". 安徽文学: 下半月, 6, p. 149-149.]

- WANG, Lu (2005). "M. Butterfly desde la perspectiva desconstruccionista". Apreciación de obras maestras: estudios de literatura (la segunda mitad del mes), 2, P. 86-89. [original chino: 王璐 (2005). "解构视角下的《蝴蝶君》". 名作欣赏: 文学研究 (下旬), 2, p. 86-89.]

- WU, Yigong; WANG Tianyun (1990). "El grupo que conecta el pasado y el futuro – el diálogo con los directores de la cuarta generación". El arte cinematográfico, 4, p.17-24. [original chino: 吴贻弓; 汪天云 (1990). "承上启下的群落——关于"第四代"电影导演的对话". 电影艺术, 4, p. 17-24.]

- XIAO, Qian (1987). Memoria miscelánea sobre la ciudad de Beijing. Beijing: Prensa diaria del pueblo. [original chino: 肖乾 (1987). 北京城杂忆. 人民日报出版社.]

- XUE, Qin (2012). "Estudio comparativo de M. Butterfly y El último emperador". Crítica del cine, 19, p. 48-51. [original chino: 薛琴 (2012). "《蝴蝶君》 和《 末代皇帝》 的比较欣赏". 电影评介, 19, p. 48-51.]

- ZHOU, Mi (2007). Investigación del arte cinematográfico de Godard. TFM, Universidad de Tecnología de Wuhan. [original chino: 周密. (2007). 戈达尔电影艺术研究. 硕士毕业论文. 武汉理工大学.]

- ZHOU, Mingzhi (2008). "Conmemoración del 50 aniversario del Nouvelle vague (2) Godard: el nacimiento de un mito cinematográfico". Cine oriental, 12, p. 117-121. [original chino: 周鸣之 (2008). "纪念法国电影新浪潮诞生 50 年 (2) 戈达尔: 一个电影神话的诞生". 东方电影, 12, p. 117-121.]

- ZHU, Donglin (2011). Nueva edición de la historia de la literatura china moderna de 1917-2010. Beijing: Editorial de la Universidad de Beijing. [original chino: 朱栋霖 (2011). 中国现代文学史 1917—2010 (精编版). 北京大学出版社.]

www.ingramcontent.com/pod-product-compliance
Lightning Source LLC
LaVergne TN
LVHW010502200726
843506LV00013B/2500